secession

secession

SUNDER WARUMBE

EIN
SCHWEIZER
REQUIEM

Christian
Uetz

secession VERLAG FÜR LITERATUR

SUNDER WARUMBE

EIN
SCHWEIZER
REQUIEM

Christian
Uetz

secession VERLAG FÜR LITERATUR

Der Autor dankt für die Unterstützung des Werkes:

Der Schweizer Kulturstiftung Pro Helvetia und der Thurauer Kulturstiftung.

schweizer kulturstiftung
prohelvetia

So wirt der sun in uns geborn: daz wir sin sunder warumbe
MEISTER ECKHART, PREDIGT 41

ERSTES KAPITEL

Über Winter hatte Hieronymus Sunderwarumbe immer wieder Variationen desselben Traums: Ungeheure Schneemengen fallen und schneien das Haus ein, Sunderwarumbe kämpft gegen den Schnee und bittet den Tod, wieder zu gehen. Es war aber ein warmer Winter, völlig schneelos.

Doch in der Nacht auf den 5. März 2006 fiel ein Jahrhundertschnee, über fünfzig Zentimeter hoch und kalt und weiß, und schneite alles zu. Und am Morgen des 6. musste Hieronymus sein Romanshorner Haus, gelegen an der Kastaudenstraße, verlassen, er kehrte nicht mehr zurück, die Schwäche hatte ihn eingeholt.
Immer schon hatte er gesagt, wenn eines der drei Gs ausgehe, sei es Zeit zu gehen, und G stünde nicht für Gott und nicht für Glück, sondern für Geld, Gesundheit, Geduld.
Er wurde neunzig Jahre alt und mit ihm seine Idee von Freiheit: *Nicht überleben, sterben muss man wollen!*, meinte er durchaus religiös, zugleich verstand er sich streng sokratisch. Da kein Mensch wissen könne, weder ob Gott existiere noch ob Gott nicht existiere,

sei es vollends wissenschaftlich, sich im Nichtwissen zu halten und die Existenz zu feiern, Tag für Tag. Doch Gott als Person war ihm nicht nur unvorstellbar als *Du sollst dir kein Bildnis machen*, sondern auch des Menschen Wissen übersteigend. Vermessen. Und solange Gott Gott bleibe, bleibe er beim philosophischen Glauben des Seinsgeheimnisses.

Die ersten fünf Tage verlangte Sunderwarumbe von den Ärzten ein Mittel, ihn wiederherzustellen. Es müsse möglich sein, er zwang zur Geste, er brauche noch ein paar Jahre, er schärfte seinen Blick, sein Werk zu vollenden wäre ihm das Wichtigste, zwanzigtausend Seiten betrüge es schon, ein Werk! Unmäßig wütend wurde er, da sie es ihm nicht zusichern konnten. Er begann das Essen als *Fraß* zu verweigern, und als Georg ihm sagte, so schlecht sei es nicht, antwortete er barsch:
Ich will überhaupt nichts mehr machen von all dem, was man macht.
Er schwieg nur eine Sekunde. Er äugte.
Ich habe viel zu lange mitgemacht, was man macht.
Jetzt ist Schluss damit.

Es rührte Georg, erst recht, da Sunderwarumbe ja bereits fünfzig Jahre lang das Kapitel *man* aus *Sein und Zeit* nebst dem *Sein zum Tode* das liebste war. Er nannte *Sein und Zeit* die Bibel der Philosophie und hatte es auch auf dem Hometrainer, damit er während des Radfahrens die 83 Paragraphen auswendig zu behalten immer neu trainieren konnte. Am siebten Tag bat der Kardiologe Georg zu vertraulichem Gespräch vor die Tür. Hieronymus fragte ihn, was der Arzt denn gesagt habe. *Es habe schon etliche erfolgreiche Herzoperationen an Neunzigjährigen gegeben, die Fortschritte der Medizin seien phänomenal. Er habe nämlich einen kleinen Herzinfarkt festgestellt, der schon ein halbes bis ein Jahr zurückliegen könne, und wenn man diesen nun nicht operiere, stürbest du in kürzester Frist. Die*

Wahrscheinlichkeit, an der Operation zu sterben, sei zwar hoch, aber ohne stürbest du sowieso. Und ich solle dich fragen, was du meinst.
Das kommt überhaupt nicht infrage! Das wäre das Unphilosophischste, was wir in dieser Situation machen könnten. Es heißt also Abschließen.
Georg begann zu weinen.
Sunderwarumbe sagte zu ihm: *Jetzt müssen wir stark sein*, und weinte auch.
Von da an war jedes Aufbegehren und jedes Hadern vorbei. Hieronymus lächelte. Drei Tage später fiel ihm das Reden schwer, das Lächeln blieb. Und am Morgen des 18. März übernahm Georg zum letzten Mal das Aufschreiben der täglichen Chronik, die Sunderwarumbe ihm seit der Spitalexistenz diktiert hatte und die nicht zu versäumen diesem unbedingte Pflicht gewesen, denn sechzig Jahre lang hatte er sie keinen einzigen Tag ausgelassen. Dieses letzte Zeugnis, nachdem Georg ihn wie immer nach seinem Befinden fragte und ohne dass er sonst noch ein Wort oder einen Satz zu sagen vermochte, kam stockend und leise, aber wie ein dreifach wiederholter Siegesruf: *Frei, frei, frei!*
Drei Stunden später riefen sie den schon Gegangenen an, er solle gleich wiederkommen, Sunderwarumbe werde jetzt sterben. Georg saß weinend beim Bewusstlosen, den sie zum Sterben in ein Einzelzimmer verlegt hatten, doch nach kaum zwanzig Minuten öffnete Sunderwarumbe die Augen, lächelte, schlief wieder ein. Nun übernahm ihn das Unfassbare des Geistes. Schon immer ordnete er die palliative Methode an, und es sollten weder künstliche Ernährung noch sonst wie Schläuche, keine Beatmungsgeräte und erst recht keine Herzmaschinen eingesetzt werden. Nichts. In der Frühe des 18. März hatte er zum letzten Mal einen Schluck Wasser getrunken und sein Wort gesprochen, von da an atmete er nichts als Sein. Nicht nur einen Tag, auch nicht zwei oder vier, sondern zehn Tage lang. Ein Leben lang hatte er sich nur um den Geist gekümmert, man solle unentwegt einzig dem Tod ganz in die

Augen sehen, am Ende hat er zehn Tage still geatmet. Nach vier Tagen war es auch für die Ärzte außergewöhnlich, und nach sieben Tagen sagte der Chefarzt Krause, das sei schier unfassbar und es könne nicht mehr lange dauern. Da Georg dem Hieronymus zwanzig Jahre lang immer vorgelesen hatte zum Tee, tat er dies auch jetzt, in diesen wunderlichen Tagen zur Uhrzeit des Tees.
Sunderwarumbe hatte schon immer bestimmte Stellen lieb, aus dem *Faust*, dem zweiten Teil, da war er Teil seiner Generation, und dem *West-östlichen Divan*, das kannten wenige so gut wie er, Sprüche aus dem *Tao Te King* in der Übersetzung von Viktor von Strauss gehörten dazu, Gedichte von Trakl und Hölderlin. Und immer wenn Georg mit ihm sprach, zitterten seine Augenlider, als sänge er mit, und das änderte sich nicht, die ganzen Tage. Am Nachmittag des 28. März las Georg ihm aus der Offenbarung vor, und bei Kapitel 21 desselben, das da lautet *Und ich sah einen neuen Himmel und eine neue Erde*, da musste er den Satz unterbrechen, denn laut einatmend verzerrte sich plötzlich Sunderwarumbes Gesicht, nachdem es die ganzen zehn Tage unbewegt war bis auf die zitternden Augen. Die Grimasse sah aus wie ein Wolf, der an etwas sehr Bitterem würgte, und er atmete es mit einem einzigen kurzen Atemanhalt aus. Des Toten Antlitz lächelte.

Hieronymus Sunderwarumbe nannte den Tod den *Phänomenalen Raum des Traums* oder die *Bedingung allen Träumens*. Der akuteste Einschlag in das Traumwesen des Geistes fiel auf den Herbst 77, den Deutschen Herbst. Während in Mogadischu das Fieberthermometer des bürgerlichen Selbstverständnisses zu bersten drohte, schrieb er das Fragment *Der Mensch als Lebe- und Sterbewesen*:

17.10.77
Ich fühle mich nach dem moralischen Infarkt der letzten Nacht nicht nur erholt, ich fühle mich gefestigter denn je. Solange sich die Menschen nur ums Leben kümmern, werden sie die

Unverlässlichkeit des Lebens immer bitterer beklagen. Zunächst gilt es, einen Weg in die Öffentlichkeit zu finden. Ich bin kein Messias, der auf die Straßen gehen kann, um zu predigen. Ich bin kein Politiker, der eine Bewegung organisieren könnte, kein Publizist, der fixfertige Konzeptionen in Buchform herausbringt und auf den Markt schwemmt. Mir bleibt das Experiment. Die existenzielle Tatsächlichkeit ist das Sterbewesen des Menschen. Unter allen Lebewesen auf der Erde – die zwar alle auch vergehen, krepieren, eingehen, verenden, verwelken, verscheiden müssen – ist der Mensch das einzige Wesen, für das der Tod nicht nur biologisch unausweichlich, sondern die Bedingung seines Erkennens ist. Alle Lebewesen leben, indem sie den ständig und überall drohenden Tod vermeiden. Doch der Mensch kann auf den Tod zugehen und darin fündig werden. Auch der Mensch ist Lebewesen. Nur ist er nicht nur dieses flüchtige, den Tod instinktiv vermeidende animalische Wesen. Ihm wird der Tod zur Gewissheit, und darin zum zwingenden Grund, erkennen zu wollen jenseits der biologischen Funktion.

Die Einseitigkeit des modernen Menschen besteht darin, dass er sich nur als Lebewesen versteht. Meint der Mensch auf diese Weise seinem Sterbewesen zu entrinnen? Es geht ihm wie Sisyphos: Er überlistet den Tod und erntet den Unsinn.

Je weniger ein Mensch sich des Sterbewesens bewusst ist, desto unheimlicher herrscht es über ihn. Für das Lebewesen ist der Tod pure Absurdität, die es unter allen Umständen zu meiden gilt. Drum auch die gegenwärtige Ratlosigkeit dem Terrorismus gegenüber.

Die Welt steht in diesen Tagen unter dem Alb des deutschen Baader-Meinhoff-Terrorismus. Arbeitgeberpräsident Schleyer ist noch immer in den Händen der Terroristen. Über einer Lufthansamaschine mit über neunzig Passagieren samt Besatzung an Bord schwebt seit Tagen das Damoklesschwert der Vernichtung.

Wie grotesk hört sich die Erklärung des Verfassungsgerichts in Karlsruhe an: *Das Leben ist der höchste Wert.* Haben diese Deutschen eigentlich ihren Schiller vergessen? *Das Leben ist der Güter Höchstes nicht.*

Müssen wir den Terrorismus nicht im Wesentlichen als ein religiöses Dilemma verstehen und nicht als ein politisches Drama? Der Aufstand des Sterbewesens gegen die Monomanie des Lebenserfolgsfetischismus! Das Sterbewesen ist das eigentliche Wesen der Religion. So viel Sterbewesen in einer Religion evident ist, so viel Wahrheit ist in ihr offenbar. Buddha und Sokrates und Christus sind Vorbilder des Sterbewesens. Das Sterbewesen birgt die Geschichtlichkeit unseres Daseins. Dasein läuft nicht bloß ab, wie irgendein kausaler oder biologischer Vorgang abläuft, es ereignet sich. Es geschieht nicht einfach, es ist ein Geschehen, das sich selbst schichtet und im Palimpsest seiner Unlesbarkeit das Leben zur Geschichte macht, die gedeutet werden will. Der Tod ist im Menschen nicht das absurde Verenden, wie er es für das bloß Animalische ist, er ist Geistesgegenwart und Existenz. Gerade nicht das, wovor das Lebewesen flieht, sondern darin es lebt und erlebt. Im Sterbewesen, und nur im Sterbewesen, wird des Lebewesens Wahrheit offenbar: dass Sein kosmisch wird und kippt an seinen Grenzen ins Komische.

18.10.77

Mogadischu: die Geiseln aus den Händen der Terroristen befreit. Baader, Raspe, Ensslin (der harte Kern) begehen im Gefängnis in Stammheim, Stuttgart, auf offensichtlich vereinbarte Weise Selbstmord. Aufatmen in der Bundesrepublik. Kanzler Schmidt als Krisenheld. Das Establishment hat das Fieberthermometer zerschlagen – kann jetzt getrost weiter Fieber haben. Die Niederschlagung und Selbstliquidierung des Baader-Meinhoff-Terrors ist ein trauriger Sieg, nicht weil dem Terrorismus Unrecht widerfahren wäre, aber weil es der Sieg eines Establishments ist, welches ignoriert, was es der Wahrheit schuldet: sich nicht nur als wohlstandsfetischistisches Lebewesen, sondern auch als geistiges Sterbewesen zu verstehen.

Zuerst einmal gilt es, mir selbst meines Sterbewesens zuinnerst ganz gewiss zu werden. Kein Tag ohne Einübung in der Entschlossenheit des Geistes. Hierzu unerlässlich: die Ablösung von jeder kindlichen, familiären, neurotischen Lebensabhängigkeit. Diese Ablösung ihrerseits aber wäre unzumutbar ohne Suizidbereitschaft.

20.10.77

Nun auch Schleyer ermordet. *Wir haben ... die korrupte Existenz Hans-Martin Schleyers liquidiert.* Großfahndung eingeleitet. Doch was auch immer die Fahndung bringt, es ist ein Pyrrhussieg. Entscheidend ist die Ursache des Terrorismus: eine Eskalation der Verzweiflung an einer Welt, die ihre Wahrheit verraten hat und am Rande der Absurdität die Orgie ihres materiellen Wohlstands feiert. Worauf es hinauskommen muss, ist eine Weltrevolution des Sterbewesens. Mir ist gestern durchsichtig geworden: Die Baader-Meinhoffs sind unfreiwillige Propheten, die Terroristen nach dem Nihilismus Nietzsches und dem apokalyptischen Ritt des Nationalsozialismus die letzten Propheten des Abendlandes. Katastrophen-Symptomatik. Da leuchtet sie auf. Flammenschrift an allen Wänden des Establishments. Finale der Hoffnungslosigkeit. Der Tod aber ist das Himmelsgeschenk der Wahrheit. Ein Mensch, der nicht weiß, was er der Wahrheit schuldig, verdient den Tod, den er flieht. Das menschliche Leben ist Verzweiflung. Wer irgendeiner Illusion von Lebensglück nachläuft, muss eines Tages unfehlbar der Verzweiflung verfallen. Der Philosoph geht von Anfang an von der rettungslosen Verzweiflung aus, während seine Generationsgenossen noch bis über beide Ohren im Lebensglücksfetischismus des Systems stecken.

23.10.77

Die Baader-Meinhoffs sind Vorreiter der Apokalypse, ihr Terror die Flammenschrift an der Wand des Jahrhunderts. Das Jahrhundert kennt Asche im Übermaß. Die Baader-Meinhoffs haben die Sprache, die verstanden werden sollte, sollten darüber auch die Trommelfelle in zu hohe Resonanzerregung geraten und bersten. Aber Terroristen selber sind keine Zukunft, ihre Aufgabe ist es, das Fanal des Untergangs zu sein, Vorboten einer Zerstörung von noch unvorstellbarer Totalität. Das wahre Übel, das aus Baader-Meinhoff hervorgegangen, liegt im Establishment selbst. Der Krebs wütet in der Verdrängung, die sich hinter unserem Wohlstand verbirgt. Gefasst sein auf die Katastrophe, die unweigerlich auf uns zukommt, auf jene Tage, von denen es in der Apokalypse heißt: *Und in den Tagen werden die Menschen den Tod suchen und nicht finden; werden begehren zu sterben, und der Tod wird vor ihnen fliehen.*

27.10.77

Wann immer es mir gelingt, die Geistesgegenwart des Todes zu erfahren als das Geborgensein im Geheimnis unseres Existenzgrundes, wann immer es mir gelingt, ganz mir selber vorweg zu sein in dieser vollkommenen Aufgehobenheit: kann ich das Lebewesen in seiner Selbstverständlichkeit bejahen und lieben. Hölderlin muss das gemeint haben, als er den Vers schrieb: *Wer das Tiefste gedacht, liebt das Lebendigste.*

Es ist ein uralter Mythos, dass der Mensch im Augenblick des Todes die Wahrheit sehen und erkennen könne. Die Hirnphysiologie widerlegt dies und bestätigt mit der Erforschung und Befragung, dass die Geistesgegenwart des Todes die Geistesgegenwart des Lebens ist.

Solange wir von unseren Leidenschaften getrieben werden – Machtwille, Neid, Rachsucht, Ehrgeiz, Besitzgier –, ist es das verdrängte schlechte Gewissen des Sterbewesens, vor dem wir fliehen. Zuerst das Sterbewesen, dann das Lebewesen! Das Lebewesen

will seine Lebenserfolge, natürlich. Diese sind naturgemäß, natürlich. Das Lebensbedürfnis wird aber krank und blind, wenn es zur Ausflucht vor dem Sterbewesen wird.
Die Dynamik von Lebe- und Sterbewesen ist unvollständig, wenn eine alles transzendierende Größe nicht mitgezählt wird: das Geheimnis allen Wesens, dass es lebend ist. Die Unerklärlichkeit des Seins ist absolut. Darin ist sie schön.
Das Geheimnis Gott zu nennen, ist eine Benennung, die dem Geheimnis Gestalt geben möchte. Gott als Person ist dem Philosophen nicht angemessen. Gott als Alles-in-allem ist das Gewissen unserer abgründigen Nichtigkeit. Nennen wir es noch Gott, so als Integral über dem Grundverhältnis Seinsgeheimnis.
Der Sinn von Sein ist eine unsichtbare Geistesgegenwart. Wo der Sinn des Geistes gegenwärtig ist, bringt er noch jedes Stäubchen zum Leuchten, wo nicht, zeigt sich auch eine Kathedrale wie Chartres nur als Steinhaufen.

1.1.1980
Was nicht Philosophie ist, ist Vieh! Alles, was der Mensch mehr ist als Vieh, verdankt er der Philosophie, und jeder Mensch, der dem Erkennen nicht Dank zollt, verdient nicht das Glück auf zwei Beinen. Unsere Existenz ist phantastisch! Wer das nicht wahrhaben will, muss sein Bewusstsein in einen blinden Realismus eingemauert haben.
Wäre der Mensch nur Lebewesen, er hätte kein Wesen.
Was ist, ist nicht dasselbe, was lebt.
Ein Mensch, dem das Leben nicht ein Jauchzen ist, der ist dem Leben ein Ärgernis.

Der göttliche Funke der Geistesgegenwart ist aus keinem Stein zu schlagen noch mit irgendeiner Technik hervorzubringen. Was nie Materie war, kann auch nicht zu ihr verfallen. Die Aufgehobenheit

des Daseins ist im Nichts, welches in Wahrheit das All von allem ist.
Der Mensch ist eine Individuation des Alls.

1.1.1982
Der Wal hat ein Problem, welches der Hai nicht kennt: Er muss Atem holen. So hat der Philosoph ein Problem: Er muss Sinn schöpfen. Zwar muss jeder Mensch die Unabweisbarkeit der Existenz bedenken, doch der Philosoph schwimmt in der allgemeinen Interdependenz mit wie der Wal unter den Fischen.
Der Mensch ist ein Antagonismus aus Lebe- und Sterbewesen. Der Säugling ist noch fast nur Lebewesen, der Greis fast nur Sterbewesen. Doch schon ein Fünfjähriger kann erschlossen sein für das Sterbewesen und ein Greis kann noch lebendig sein wie ein Junge.

Das stumpfe Dahinsiechen und an Maschinenschläuchen karge Überleben ist die blinde Verkehrung des Lebens in Leben ohne den Sinn der Geistesgegenwart.
Und das Fatalste: dass die Gesellschaft die Flucht vor dem Geist permanent zementiert.
Die Sterbehilfeorganisationen bleiben auf halbem Wege stehen und entsprechen noch immer zu sehr dem einseitigen Lebensglücksirrtum.
Der Philosoph lebt von Tag zu Tod, die Liebenden von Stunde zu Ewigkeit und das Leben von Herzschlag zu Herzschlag.

ZWEITES KAPITEL

1.1.1984
Nach Überwindung des anfänglichen Widerstandes gegen den ewigen Schlauch des Weihnachtszirkus doch wieder Anwandlungen von Geselligkeits-Euphorie bei mir entdeckt – der Wunsch von Georg, mit mir über die philosophische Dissertation seines Seminarlehrers Singer zu diskutieren –, noch einmal der alte Traum vom sokratischen Lehrer aufgeflackert.

8.1.1984
Georg hat sich bis jetzt noch nicht gemeldet. Das finde ich jetzt auch ganz in Ordnung. Es war ein Rückfall in einen alten Traum.

14.1.1984
Es ist jetzt bald einen Monat her, dass Georg den Wunsch geäußert hat, mit mir die Dissertation seines Lehrers zu besprechen, drei Wochen, seit er sie mir zum Lesen gegeben, vierzehn Tage, seit wir diesbezüglich zuletzt telefoniert hatten. Seit einer Woche hat er die Zusage für eine Lehrerstelle im Hinterthurgau. Hätte die Dissertation ein leidenschaftliches philosophisches Interesse bei ihm geweckt, so wäre er mir eher auf die Bude gestiegen, als mir erwünscht gewesen wäre, und ich hätte womöglich alles stehen und liegen lassen, um ihm gerecht werden zu können. Wenn er jetzt überhaupt noch einmal kommt, wird er einen Sunderwarumbe finden, der nicht mehr in die Stricke springt, sondern alles andere eher ernst zu nehmen bereit ist als philosophisches Interesse. Bin ich frustriert? Natürlich hat der philosophische Eros wieder eine kalte Dusche über sich ergehen lassen müssen. Aber die vernünftige Einstellung bleibt davon untangiert. Georg bleibt ein liebenswürdiger junger Mann, dem ich für Beruf und Leben nur alles Beste wünsche.

19.1.1984
Im *ORF* einer Gesprächssendung zum Thema Homosexualität zugehört. Was mich erstaunt hat, dass selbst vonseiten der Homosexuellen eine völlige Unwissenheit über die komplexe Natur des Problems der Homosexualität vorherrscht. Die Psychoanalyse hat im Gefolge Freuds das wahre Verhältnis von Sympathie und Sexualität auf den Kopf gestellt und damit erst recht pervertiert. In Wahrheit ist es eben so, dass die Sexualität eine Ableitung der Sympathie ist und nicht umgekehrt die Sympathie ein Sublimationsprodukt der Sexualität. Die Homosexualität ist nur noch insoweit als relevant anzusehen, als sie für die Philosophie bedeutsam ist. Was Hinz und Kunz von der Homosexualität denken, das kann uns jetzt ebenso gleichgültig sein, wie was sie daraus machen, wenn sie davon betroffen.

20.1.1984
Ich habe jetzt drei Generationen verwandtschaftlicher Interesselosigkeit kennengelernt, das reicht mir. Wenn sie nicht wissen wollen, was sie der Wahrheit schuldig sind, sollen sie meinetwegen vom Kapitalismus zum Narren gehalten werden oder in den Schafherden ihre Vaterunser mitblöken. Die eigentliche Kathedrale der Wahrheit ist schon immer die Philosophie gewesen. Die Firma Pfaff hat ihren Sitz nur usurpiert.
Vor sieben Jahren hieß es: Der Mensch als Lebe- und Sterbewesen, nun will ich's umkehren: Der Mensch als Sterbe- und Lebewesen. Bevor der Mensch nicht als Sterbewesen zu sich kommt, ist er auch noch kein Lebewesen, sondern eine animalische Wesenlosigkeit. Das Sein, das uns zu einem Wesen macht, haben wir vom Tode, nicht vom Leben. Und so will ich verdeutlichen, dass der Mensch sich erst als Lebewesen begreifen, verstehen, realisieren kann, wenn er sich als Sterbewesen begreifen und verstehen gelernt hat. Es ist absolut unmöglich, selbst einen beredtesten Papageien oder intelligentesten Schimpansen das Wörtchen *ist* sinnvoll anwenden

zu lassen. Wenn wir uns bewusst werden können, dass der Mensch selbstverständlich *ist* sagen kann, so haben wir erfasst, warum der Mensch nicht ein Lebe-, sondern ein Seinswesen ist.

22.1.1984
Die Unwillkürlichkeit, mit der meine Phantasie den jungen Georg begehrt, der morgen zum Tee kommt, zeigt mir das urphilosophische Verlangen nach einem Schüler, der zugleich mein Geliebter, und nach einem Geliebten, der zugleich mein Schüler ist.

30.1.1984
Lieber Georg, es gibt eine Gegebenheit vor und über allen Gegebenheiten. Sie ist mir gegenwärtig, sobald ich wach bin, ja schon im Traume kann sie mir gegenwärtig sein. Ich fühle sie, und doch ist es kein Gefühl. Ich empfinde sie, und doch ist sie in keiner Empfindung. Ich weiß um sie, aber sie ist kein Wissen. Ich bin mir ihrer bewusst, und doch ist sie das schlechthin Unbewusste, Unerkennbare, Unbegreifliche.
Ich erfahre sie als meine eigenste Gegebenheit und bin mir zugleich gewiss, dass jeder Mensch sie genauso als die seine erfahren kann. Ich kann nicht anders als denken, dass diese Gegebenheit für jeden Menschen eine besondere ist und dass sie zugleich für jeden identisch ist, dass die jedem als die seine gegebene Gegebenheit für alle Menschen doch ein und dieselbe ist. Will ich diese Gegebenheit zum Ausdruck bringen, sage ich einfach: *Ich bin da* – Und ich wüsste keinen anderen Ausdruck, der diese Gegebenheit angemessener fassen könnte.
Was für eine Bewandtnis aber hat es mit der einzigartigen Gegebenheit, die ich mit dem Ausdruck *Ich bin da* zum Ausdruck bringen kann? Es gibt keinen Grund, aus dem jedermann gezwungen wäre, sich zu fragen, was es mit der Gegebenheit für eine Bewandtnis hat. Wer sich nicht eigens dafür interessiert, braucht die Gegebenheit nicht zu befragen, er kann sie auch ungefragt als gegeben

hinnehmen und sich den Gegebenheiten zuwenden. Niemand ist verpflichtet, die Gegebenheit, die ich mit dem Ausdruck *Ich bin da* zum Ausdruck bringe, zu hinterfragen. Ich selber aber versuche mir die Gegebenheit zu vergegenwärtigen, ich möchte alles versammeln, was ich mit dem Ausdruck *Ich bin da* zum Ausdruck bringen kann. Und ich mache das heute ja nicht zum ersten Mal.

Es ist unmöglich, diese Gegebenheit mit analytischen Begriffen zu zerlegen, wie der Anatom mit dem Seziermesser unseren Körper zerlegt. Und doch kann ich nicht anders an das Ganze herangehen, als es in bestimmter Weise zu befragen. Was also hat es für eine Bewandtnis mit der Gegebenheit, die ich mit dem Ausdruck *Ich bin da* zum Ausdruck bringe? Der Ausdruck *Ich bin da* umfasst drei Wörtchen, deren jedes mir eine bestimmte Weise, nach ihm zu fragen, nahelegt. Wer Ich? Wie bin? Wo da? Wer ist dieses Ich, welches mir als Ich gegeben ist, und woher kommt es? Wie kam ich in diese Gegebenheit? Wie konnte ich mir darin ihrer bewusst werden, da ich doch eins bin mit ihr? Wo ist dieses Da, wenn ich mit diesem Da im Gedanken auch überall und nirgends sein kann? Und wenn mir die Gegebenheit als ein Verlauf erkennbar wird, gibt es für diesen Verlauf ein Woher? Und was als Frage noch brennender ist: Gibt es für diesen Verlauf ein Wohin? Ein letztes Ziel, eine uneinholbare Zukunft? Diese Fragen, wenn ich sie nicht nur so dahinfrage, sondern mich ganz von ihnen einnehmen lasse, werfen mich vor eine entsetzliche, unheimliche Grundlosigkeit. Wenn ich mich der ganzen Grundlosigkeit in der Gegebenheit ausgeliefert sein lasse, dann kommt damit auch die Gegebenheit in ihrer ganzen abgründigen und unheimlichen Tatsächlichkeit zum Bewusstsein. Und es macht sich die Gegebenheit noch in einer ganz anderen Weise bemerkbar als nur in der, dass ich in ihr gegeben bin. Sie zwingt mich: in die Lauflinie einer letzten Gewissheit, in ihre Gewissheit, sie zwingt mich, auf den Tod hin sein zu müssen.

Ich bin da
und kann mir nicht erklären warum.
Ist Dasein nicht
ein Märchen schlechthin?

2.2.1984
Es scheint, dass das Unternehmen, Georg mit *Sein und Zeit* vertraut zu machen, auf gutem Wege ist. Ich habe ihm zuerst die Paragraphen 2 und 4 photokopiert, anhand dieser Vorzeichnungen versuchte ich das Interesse von Georg zu prüfen, und er war so begeistert, dass er ein Gedicht geschrieben und nun den Abschnitt des ontischen Vorrangs des Daseins schon nicht anders als ich wie eine Gebetsmühle auswendig rezitiert.

Das Dasein ist ein Seiendes, das nicht nur unter anderem Seienden vorkommt. Es ist vielmehr dadurch ontisch ausgezeichnet, dass es diesem Seienden in seinem Sein um dieses Sein selbst geht. Zu dieser Seinsverfassung des Daseins gehört aber dann, dass es in seinem Sein zu diesem Sein ein Seinsverhältnis hat. Und dies wiederum besagt: Dasein versteht sich in irgendeiner Weise und Ausdrücklichkeit in seinem Sein. Diesem Seienden eignet, dass mit und durch sein Sein dieses ihm selbst erschlossen ist. Seinsverständnis ist selbst eine Seinsbestimmtheit des Daseins.

Und jetzt ist er im Besitz eines eigenen Exemplars von *Sein und Zeit*. Mir selbst ist die Gelegenheit, Georg an die Existenziale heranzuführen, äußerst willkommen. Schon lange habe ich es als misslich empfunden, von *Sein und Zeit* nur noch das schon Verstandene präsent zu haben. Georg zwingt mich nun dazu, das Buch in völlig neuer Weise gegenwärtig zu haben. Ob es mir gelingt, ihm gegenüber schlagfertig genug zu sein, ist allerdings mehr als fraglich. Nun kommt es ja auch nicht darauf an, aus Georg einen Heidegger-Experten zu machen. Hauptsache, ich kann verhindern, dass ihn die Beschäftigung mit Heidegger zu einem eitlen Seinsschwätzer macht. Die Fundamentalontologie möchte ich ihm möglichst in vivo nahe zum Bewusstsein kommen lassen: als die Gegebenheit, die ich mit dem Ausdruck *Ich bin da* zum Ausdruck bringe. Halten wir uns an diese Gegebenheit, dann sind wir immer in medias res.

Es ist mir vom ersten Moment an, als Georg Ende Dezember in der Metzgerei den Wunsch äußerte, sich mit mir über die Dissertation seines Philosophielehrers zu unterhalten, spürbar geworden, dass ich mich nicht nur persönlich, sondern auch päderastisch von ihm und durch ihn angesprochen fühlte. Und seit dem ersten Besuch steht es mir buchstäblich immer wieder danach, mit ihm ins Bett zu gehen. Ich bin mir aber zugleich bewusst, dass ich es selbst dann nicht tun würde, wenn er mich dazu einladen würde. Intimität mit ihm ist begehrenswert, sehr begehrenswert sogar, aber nicht wünschenswert. Selbst in einer Gesellschaft, wo Homosexualität kein Problem wäre, wäre Intimität mit Georg nicht wünschenswert. Ich koste die Erotisierung, die der philosophische Umgang mit ihm unwillkürlich verursacht, wie Wein, den man nicht trinkt, um sich zu berauschen, sondern um sich zu begeistern. Der zwanzigjährige Georg steht existenziell an einem Übergang. Letztes Jahr hat er das Lehrerseminar abgeschlossen, die Rekrutenschule absolviert, und für nächsten Frühling ist der dritte Sohn meines Cousins Alfred bereits fest als Lehrer in den Hinterthurgau abberufen. Eigentlich hätte er gern ein Musikstudium in Winterthur begonnen.

Auch vom Alternativleben redet er begeistert.

Eine solche Stinkbüchse von einem Auto werde er sich nie anschaffen. Er ist beunruhigt, und das ist zu wenig gesagt, über den Prozess der Zivilisation, die im Begriff ist, die Ökologie des Planeten unwiederbringlich zu zerstören. Über seine persönlichen Verhältnisse haben wir bislang nicht gesprochen.

Insbesondere kein Wort von seinem Verhältnis zu Frauen.

18. 2. 1984
Mein Verhältnis zu Georg ist pervers – nicht sexuell, aber beziehungspervers, weil meinerseits jetzt schon ganz vom Zwang zur Verdrängung deformiert. Warum musste ich das Interesse, mit dem er mir so spontan entgegenkam, auf ein Studium ablenken und so tun, als könnte ich ihm *Sein und Zeit* beibringen?
Wenn ich Georg nun aber schon so nahe kommen ließ, dass ich mich in ihn verliebte, ist es das Beste, mit ihm etwas begonnen zu haben, was sicher einen Sinn hat: die Beschäftigung mit *Sein und Zeit*. Ich habe in den zwei Wochen schon wieder ein viel entschiedeneres Verhältnis zur existenziellen Analytik bekommen.

26. 2. 1984
Der Durchgang durch *Sein und Zeit* ist ein philosophischer Individuationsprozess.

29. 2. 1984
Meine Hypothese für eine moderne Sexual- und Geschlechtsethik ist einfach die: Der Geschlechtsverkehr zum Zweck der Zeugung ist für die Sexualbefriedigung irrelevant.
Die Ethik der Sexualität muss ihre Bestimmung außerhalb der begattungsspezifischen Funktion suchen. Die philosophische Auffassung von Sexualität ist ganz wie die tägliche Körperpflege eine hygienische. Das Philosophsein vermag die hygienische Auffassung der Sexualität vom sogenannten Auslebenmüssen des Sexualtriebes überhaupt zu befreien. Die Körperpflege der Sexualität ist schlicht und einfach Körperpflege, und sie ist nur das. Die Geschlechtsreinigung durch sich selbst ist darin die Grundlage jeder freien Behandlung des Sexuellen. Es braucht nicht zum schlechten Gewissen zu werden, wenn es als Onanie erlebt wird, und ich brauche es auch nicht Selbstbefriedigung zu nennen: Es ist nichts als Geschlechtsreinigung.

Die ersten Jahre ihrer Verliebtheit waren Sunderwarumbe und Georg völlig eins. Sie brauchten sich weder voneinander abzugrenzen noch gegeneinander selbst zu behaupten. Es war die unendliche Bejahung zwischen ihnen wie ein Glück ohne Boden. Sunderwarumbes Weisheit erlebte Georg wie eine Gottgegenwart, er träumte auch nachts von Sunderwarumbe wie von Gott und er hätte alles für ihn getan, aus Liebe zu Gott. Ein Jüngling! Sunderwarumbes philosophischer Geist hatte die Kraft, das Leben partout aus den alltäglichen Verfallenheiten in die pure Lust von Erkennen herauszuheben. Dieser ungemein belesene, überaus viel wissende, an allem leidenschaftlich interessierte, hellwache, verliebte Mann hatte alle Zeiten hinter sich und Zeit für den Jungen und gab somit Georg alle Zeit des Liebens.
Es gab kein Müssen.
Es gab keine Pflicht.
Es gab nur das Glück zu denken,
den Spürsinn
im unendlichen Gespräch,
vollends wie Sokrates und seine Schüler, die in den Dialogen Platons auch nichts anderes taten, als vom Geist des Eros beflügelt Tag und Nacht zu philosophieren.

Hieronymus schenkte Georg eine solch azurne Heiterkeit und Herzlichkeit, dass das Leben als etwas Wunderbares zu empfinden das Selbstverständlichste war.
Sie hatten keinen Sex miteinander.
Doch war alles ein Erkennen und voreinander war nichts zu verhüllen.
Die göttliche Freiheit zeigte sich auch darin, dass Sunderwarumbe Georg alle Aufmerksamkeit schenkte, aber nichts erwartete.
Er gönnte ihm alles, verlangte nichts.
Georg mochte kommen und gehen, wie es ihm gefiel. Hieronymus war vom Denken erfüllt, ohne ihn wie mit ihm. Natürlich sind wir

im Alltag unablässig gezwungen, uns dem Machtkampf und der Kälte und der Gleichgültigkeit und der Grausamkeit und dem Joch des Geldverdienens auszusetzen. Natürlich schon, aber gedanklich nicht.

Und wer einmal zutiefst die Gedankenlust erfahren hat, lässt sich nimmermehr vom Alltag des Profits tyrannisieren.

Sunderwarumbe schenkte Georg die Gottgegenwart in der Geistesgegenwart der alle Zeit habenden Persönlichkeit, wie sie jedem eigen sein kann. Dass sie sich überhaupt nicht gegeneinander abgrenzten und alles aneinander bejahten und niemals Streit hatten, widerlegte die gängige Meinung, man müsse gegen den anderen kämpfen, um zu sich selbst zu kommen und eine eigene Person zu werden. Gerade weil Georg und Sunderwarumbe so eins waren, wurde auch Georg seine eigene Einzigkeit. Gerade den Gedanken des anderen wie Gott ernst nehmen ließ Georg so ins Eigene wachsen, dass er sich von selbst unversehens auch unendlich von Sunderwarumbe unterschied. Er wuchs ins Eigenste, indem er sich nicht zu unterscheiden brauchte.

10.8.1984
Die Sommerferienzeit geht zu Ende. Georg hatte, nachdem er sich einmal – neben seinem Lehrerberuf – durch *Sein und Zeit* hindurchgelesen hatte, zunächst keine große Lust, sich weiter in die Materie zu vertiefen. Andere Lektüre war in sein Interesse gerückt: *Also sprach Zarathustra*, Texte von Gottfried Benn, und dann der späte Heidegger.

3.9.1984
Ich denke mir unsere philosophische Freundschaft im erweiterten Zirkel folgendermaßen vorzustellen: Einige meiner Aphorismen aus meiner Philosophie fanden Georgs Zustimmung, ja Begeisterung. Er entzündete seine eigene Poesie an den Versen Gottfried Benns und den Dithyramben Nietzsches. Gegenüber dem Schwung

und der jugendlichen Unbekümmertheit seines Stils kommen mir meine eigenen poetischen Texte nicht mehr recht aktuell, nicht mehr radikal genug vor. Und so verlege ich meinen Teil ganz in die Capas und Banderillas radikaler Gesellschaftskritik:

Dieses unser modernes Unvolk von konsumbesessenen, international vermarkteten Wohlfahrtsferkeln. Satt gefressenes, überdrüssiges Geschlecht undankbarster Daseinsschmarotzer. Gottverlassene, geistvergessene, geldverschissene Zivilisation von erfolgssüchtigen, todesängstlichen Lebensglücksfetischisten. Zuchtlos in Leib gebumstes, klinisch aus dem Arsch gezogenes Asphaltpopulat von denaturierten Stadtnacktaffen. Monströse Fleischlawine sinnloser Existenzen, die katastrophenschwanger durch das Jahrhundert rollt. Weltverseuchender Auswurf Mammon, naturverheerende Erdenpest. Wenn ich der Allmächtige wäre, diese Ramschware Menschheit, ich würde sie wieder absaufen lassen!

Ölpest auf allen Meeren.
Chemikalientod in der Luft.
Eskalation der nuklearen Aufrüstung bis zum globalen Selbstmord.
Epidemien psychotischer Angst und Aggression.
Kriminalität, die alle Gefängnisse sprengt.
Terror mit der strategischen Perfektion von Generalstäben.
Weltwirtschaft als Kriegsschauplatz der Großmächte.
Unabsehbare Arbeitslosigkeit.
Endlose Inflationsspirale.
Ruinöser Währungsverfall: Aus allen Nachrichten der Welt spricht das Verhängnis. Wir stehen unmittelbar vor einer Zukunft, die es möglicherweise schon gar nicht mehr gibt.

Es ist unverkennbar, es braucht heute keine prophetischen Gesichte mehr, man kann es geradezu mathematisch ausrechnen:

Die politische Welt steht am Rande der Absurdität, und dies in einer Totalität wie noch nie. Auf der einen Seite: die in voller Explosion begriffene Vermehrung der Menschheitsmilliarden, auf der anderen: die zur absoluten Perfektion gediehenen Massenvernichtungsmittel, mit denen man nicht nur die ganze Menschheit, sondern alles Leben auf der Erde überhaupt auszulöschen imstande wäre.
Die globale Existenzbedrohung der Menschheit ist längst nicht mehr nur ein kybernetisches Kalkül, das von Politikern und Sozialstrategen gelöst werden könnte. Sie hat ihre Ursache in einer Tatsächlichkeit, die allem politischen Verstand uneinholbar über den Kopf hinausgewachsen ist. Es fehlt ja nicht an gutem Willen, es fehlt an Möglichkeit, dass guter Wille noch hinreichend ist, dass guter Wille überhaupt noch etwas zu tun vermag.

Unsere Zivilisation ist einer Titanic vergleichbar, die fatalen Kurs hält. Darum heißt es: entschlossen sein! Die politische Situation ist nahezu vollkommen aussichtslos, der Wille zur Macht läuft Amok: *Wandelt um euren Sinn! Gebt auf euern verhängnisvollen Welt- und Lebensglücksaberglauben! Siehe, ich stehe an den Toren deiner Welt, o Menschheit!* – so mahnt der Tod – *Wenn du mir auftust und mich in dir konstitutiv werden lässt, kann ich dir wieder eine Zukunft verheißen; wo nicht, werde ich alles zugrunde richten!*

Am Ende sollten wir alle – ohne Rücksicht darauf, ob unser Leben glücklich oder unglücklich verlaufen ist, ob wir berühmt oder verachtet wurden – dahin kommen, dass wir in voller Redlichkeit uns gestehen müssen: *Es ist doch einfach großartig gewesen, dass ich einmal auf Erden sein konnte.* Jedem Menschen, wenn er nur erst einmal zur Welt gekommen, ist dieses einmalige Glück eben dadurch, dass er zur Welt gekommen ist, auch schon zuteilgeworden, und nicht das Geringste an seiner im Grunde und Ganzen überhaupt nicht fassbaren Wunderbarkeit ist die Tatsache, dass

kein Ungeborener es zuvor vermisst und kein Verstorbener es hernach entbehrt.
Wem es einmal eingeleuchtet, wie unwahrscheinlich im Grunde genommen die Selbstverständlichkeit, dass wir da sind, wie völlig unerklärlich und unergründlich die Wirklichkeit, in der und aus der wir leben, dem ist auch klar, was für ein unerhörtes Geschenk ihm zugefallen, und er wird begriffen haben, dass er an einem Wunder teilhat, im Vergleich zu dem all das alles, was sonst ihm als Wunder angepriesen, einfältig Kindermär ist. Was würde er nun nicht geben, was würde er nun nicht auf sich nehmen alles, um auch nur für einen Augenblick das Wunder des Daseins erfahren zu dürfen, wenn er nicht schon da sein müsste, um erkennen zu können, wie unmöglich die Selbstverständlichkeit ist, dass er da ist.

4.9.1984
Und wie steht es heute mit der Phantasie von gestern, mit Georg zusammen in einem kleinen Zirkel einen Abend zu veranstalten?
Eine kompensatorische Phantasie, in die Tat umgesetzt ein vorprogrammierter Fehlschlag. Ich freue mich auf den Tag, an dem ich der Verwandtschaft wie der Welt den Rücken kehre, ohne den Blick zurückzuwenden, den liebenden, wie Lot Sodom. Was für ein wunderbarer Übermut, den Tod in Griffnähe zu wissen, einer reifen Frucht gleich, die am Baume des Lebens nur darauf wartet, herabgepflückt zu werden ins Mündliche!
Georg und ich, wir müssen lernen, in einer Gesellschaft der Beschränktheit zu leben. Was uns verbindet, ist die Leidenschaft für die andere Modalität der Existenz, welche die Üblichkeit aus den Angeln hebt. Alle diese guten Leute haben ja in ihrer Beschränktheit doch Nützliches, ja Rühmenswertes geleistet und sind meistens in ihrem alltäglichen Umgang wertvoll und liebenswürdig. Aber sie haben in ihrer Beschränktheit unvermeidlich ein schlechtes Gewissen: die verdrängte Demut vor dem Geheimnis.

Im Grunde verrät kein Mensch ungestraft die Wahrheit, dank derer er überhaupt Mensch ist. Jedermann weiß es im Grunde, dass Üblichkeit eine Lauheit ist, dass das Lebenserfolgsglück eine Schuld vor der Nichtigkeit zum Tod ist und dass das Dasein ohnehin jeden Augenblick in eine Grenzsituation geraten kann, welche seine Üblichkeit aus den Angeln hebt. Lieber verrückt als bloß üblich.
Die Capas und Banderillas haben nun ihren Stier gefunden: die menschliche Beschränktheit.

6.9.1984
Telefonat mit Georg heute Abend. Er hat wieder neue Gedichte in der Esse. Der Tag verlief nach dem Telefonat mit erhobener Stimmung. Zeit vergeht dann doch irrsinnig anders, wenn ein abendliches Treffen bevorsteht. Die gemeinsamen Stunden waren voller Wärme füreinander, einsam, wie ich bin, ist es doch ein Glück, einen solchen Menschen zu kennen. Er schrieb:

Der Vogel Überflug
ist ganz frei schwebendes Fliegen.
Absturz?
Zerbrechende Flügel?
Was schert das den, dem Fliegen alles ist?

Sieh!
Was spricht der Vogel?
Flieg!
Es gibt kein Oben, kein Unten.
Denn ich liebe dich, o Offenheit!
Denn ich liebe dich, o sonnenhellwache Traumwirklichkeit!

Schwarze Katze, hockt da.
Schwarze Katze, lehrt fürchten.

Nanu, schon fort?
Arme schwarze Katze.
Schwarzer Rabe, krächzt.
Schwarzer Rabe, du.
Noch einer, noch einer, krächzen wir alle.
Und sind nicht Raben.
Und mögen wohl verzeihen.
Solche Liebe will geschrien sein.

Stumm. Dieses Sein.
Still.
Einfach da.
Dieses Sein.
Es lächelt.
Die Lippe berührt sich leis.
Es lächelt,
Spürt den erwachenden Kreis.
Immer wieder
Einfach unaussprechlich Liebe.
Einfach unaussprechlich
Immer wieder.

25.9.1984
Georg sagte mir gestern, was er bis jetzt an Kreativität erlebt habe, sei nichts gegen das, was er jetzt erlebe. Es müsse so von ihm Besitz ergriffen haben, dass es die Schüler ihm ansahen und mucksmäuschenstill gewesen seien. Faszinierend: diesen Erkenntnisprozess miterleben zu dürfen! Unheimlich allerdings auch. Aber kann etwas überhaupt faszinierend sein, ohne dass es auch unheimlich wäre?

Georg lebte die uneingeschränkte Tollheit.

Er joggte zweimal täglich eine Stunde, morgens um sechs und abends um sechs, ebenfalls aß er zweimal des Tages, mittags und nachts um zwei, dafür er extra den Wecker stellte, Brötchen toastete, bis halb vier wach blieb, um dann darauf um halb sechs in der Früh jeweils Flöte zu spielen, bis er dann zum Joggen in die Welt wieder.

Mit großem Hunger ging er jeweils vor Mitternacht zu Bett, um nachts um zwei hungrig zu erwachen und sich heiße Schokolade und warme Honigtoastbrötchen machen zu können, das war so paradiesisch, dass ihn auch das Abnehmen und der immer krasser werdende Schlafmangel nur noch freier und trunkener machte:

Ich brauche keinen Schlaf.
Ich habe fast vierundzwanzig Stunden
Energie!

In diese Nächte fiel auch gegen Morgen ein eratmeter Orgasmus. Er lag unbeweglich mit gebreiteten Armen auf dem Bauch, nur die tiefe Atembewegung übertrug sich auf den erregten, ins Matratzenglück gedrückten Schwanz. Das dauerte wohl eine halbe Stunde und steigerte sich schneckenlangsam Richtung Höhepunkt, ihm begann es vor den Augen rot zu flimmern wie bei Blutleere nach zu schnellem Aufstehen, aber er lag ja nieder und blieb ja hellwach. Und während ihm der wohl langsamste Orgasmus des Lebens geschah, begannen sämtliche Poren warm zu prickeln und ihn in Flimmern aufzulösen. Er war seligst in halluzinatorischer Erschöpfung.

Die Nacht darauf kam dann die Angst vor Wahnsinn.

Er rief Hieronymus nachts um halb drei an: *Ich fühle mich wie Gott, und ich weiß nicht, wie ich aus diesem Zustand wieder herunterkommen kann.*

Sunderwarumbe zitierte ihm möglichst unbesorgt aus der seligen Sehnsucht:

In der Liebesnächte Kühlung, die dich zeugte, wo du zeugtest,
überfällt dich fremde Fühlung, wenn die stille Kerze leuchtet.
Nicht mehr bleibest du umfangen in der Finsternis Beschattung,
und dich reißet neu Verlangen auf zu höherer Begattung.
Keine Ferne macht dich schwierig, kommst geflogen und gebannt,
und zuletzt, des Lichts begierig, bist du Schmetterling verbrannt.

26.9.1984
Nachdem mir Georg die Nacht fast zu viel zugemutet hatte, sehe ich heute Morgen sowohl ihn selbst als auch unser Verhältnis in einem großen Möglichkeitszusammenhang. Ganz Individuation. Wenn Georg die Konfrontation mit der Unheimlichkeit aber nicht überstehen sollte, ist er ein Kandidat der Psychiatrie, nicht ein Kandidat der Philosophie. Und das ist dann nicht mehr meine Sorge. Wenn mein Philosophsein für Georg die Bedeutung eines Uterus hätte? Eine Gebärmutter, die sich nicht öffnet, wird für das Kind, das geboren werden möchte, tödlich.

Ganz weißer Nebel in stockfinsterer Dunkelheit.
Zeigt so zartkalt
Das eisig glühende, das glühend eisige Liebeskleid.
Und wenn am Morgen die Sonne
Überstrahlend, blendend hell
Flimmert!
Es flimmert!!
Überströmen dann
Einfach überströmen einfach.
Es möchte schreien
Und einfach
Verstummt.

1.10.1984
Georgs Verfassung nach wie vor kritisch. Was er absolviert, ist eine Krise der Individuation, und zwar nicht in vitro, sondern auf geradezu atemberaubende Weise in vivo, buchstäblich mit Leib und Seele.
Die Möglichkeit eines Zusammenbruchs geht mir unter die Haut. Nicht, dass mich die Vorwürfe angingen, die man mir machen wird, weil ich ihn zur Philosophie verleitet habe, die ihm den Kopf verrückt hat.
Ich bin vollkommen überzeugt, dass die Krise für Georg eine Notwendigkeit gewesen, auch wenn sie fatal enden sollte.
Das, was ihm in diesen Monaten aufgegangen ist, das wiegt ein ganzes Leben der Banalitäten bei Weitem auf.
Nun ist ja aber noch nichts entschieden. Der Gedanke an die Fatalität ist nicht da, um ihn zur Resignation werden zu lassen, sondern um erst recht zu glauben: Stelle deine Mitmenschen ihrem Verderben anheim und du kannst ihnen vielleicht helfen.
Den Blick auf den Tod gerichtet, und schon fühl ich mich befreit. Auch im Verhältnis zu Georg – frei, und umso bereiter mitzugehen, ihn sein Wagnis wagen zu lassen. Lerne Sorge tragen und du kannst ohne Besorgnis sein. Jetzt fühle ich mich ganz sunder warumbe.

8.10.1984
Georg zum Nachtessen. Vorher und nachher Gedichte geschrieben. So real, dass ich mich fragen muss, ob ich verrückt gewesen, als ich ihn für gefährdet hielt. Bei Georg kommt die Poesie von unten herauf, bei mir von oben herunter, seine Produktivität ist dionysisch, meine apollinisch. Wenn man so die ersten Gedichte eines jungen Dichters vorgelegt bekommt, Keimblätter, meist ziemlich unförmig noch, so ist man versucht, sie mit einem überlegenen Lächeln zu goutieren. Wenn man es dann aber erlebt, wie die Pflanze zum Baum heranwächst, Blatt um Blatt ansetzend, jedes

besonders geformt und doch alle aus demselben Stamme gewachsen, wenn man dann erst sieht, wie die Erde unter diesem jungen Wuchse bebt und wie er vom Sturm gerüttelt wird, dann vergeht einem das überhebliche Lächeln und man wird sich glücklich und dankbar bewusst, dass man an einem Wunder teilgehabt, wie es nur ganz wenigen Menschen einmal in ihrem Leben vergönnt ist.

17.10.1984
In Gedanken nach dem Tod vor Gott gekommen. Er geruhte mich zu fragen, was aus der Menschheit werden solle. *Mein Gott*, erwiderte ich, *du weißt es selber ganz genau: das mit Noah überleben lassen war genauso ein Fehler wie das mit Adam schaffen: du hättest dich mit deinen Engeln begnügen und den Dreck Dreck sein lassen sollen.* Eine Gestimmtheit des aggressiven Zynismus. Charakteristische Perversität des Urteils: Jeder Sinn im Dasein beruht doch nur darin, dass er sich nicht überlebt. Sisyphos in der Unterwelt hätte genauso denken müssen: die Sinnlosigkeit liegt nicht im Leben, sondern im Überleben. Es ist pervers, der Welt Schuld zu geben oder Gott zu verurteilen, wenn einem das Leben nicht mehr gefällt. Wahrhaft ist, den Überdruss vor die eigene Nichtigkeit zu bringen.

19.10.1984
Nach einer harten Auseinandersetzung mit Vater und Mutter am Freitag in Wängi hat sich Georg entschieden: Aufgabe seiner Lehrerstelle, stattdessen Musikstudium am Musikalischen Konservatorium in Winterthur. Seine Realisation sieht er in drei Bereichen: Lyrik, Musik, Ausstrahlung. Er denkt daran, seine Gedichte in einem ersten Bändchen herauszubringen, sobald die Serie eine gewisse Abgerundetheit erreicht haben wird. Titel: *Liebe und entschlossen den Wahnsinn*.

Dies gewiss
Dies einfach so:
Es ist nicht einfach so
Es ist
Und nicht einfach so
Nicht nichts.
Es ist nicht einfach ohne
Alles.

DRITTES KAPITEL

1.1.1985
Wenn der paulinische Christ Auferstehung sagt, so hofft er auf eine Geistesgegenwart, wie sie im Leben höchstens ahnungsweise gegenwärtig sein kann. Das Philosophsein begnügt sich mit der Intensität von Geistesgegenwart, wie sie im Leben möglich ist.

20.1.1985
Kein Heiliger, der nicht auch Tiernatur ist. Kein noch so primitiver Kerl von einem Rohling, der nicht auch den Funken Gottes in sich trägt.

Solange das Leben und seine Begehrlichkeiten sich zu einer Gottheit aufspielen, solange muss die Philosophie gegen diese Gottheit angehen, muss sie das Leben durch die Wüsten von Disziplin und Askese führen, bis das Lebewesen das Sterbewesen zu ahnen beginnt. Danach aber, wenn das Leben entblößt und entgöttert in all seinen Begehrlichkeiten und leiblichen Notdürftigkeiten dem Gott Tod zu Füßen liegt, wenn also einmal erst begriffen wurde, dass das Lebensglück ein Irrtum, wenn Glück nicht mehr erfasst werden will in all den Begehrlichkeiten des Leibes, dann kann die Philosophie das Leben wieder annehmen mitsamt dessen Begehrlichkeiten und leiblichen Notdürftigkeiten und es lieben als das, was es war und ist und bleibt: das Leben, das da begehrt und begehrlich ist.
Ich anerkenne die Macht des Lebens, sich zu erhalten und fortzupflanzen, und ich anerkenne die Macht des Kollektivs und des Staates, die das Individuum der Norm unterwirft zum Zwecke der unerlässlichen politischen Organisation. Aber ich anerkenne Leben und Kollektiv nur als Voraussetzung der Möglichkeit von geistesgegenwärtigem Denken, nicht aber um Leben und Kollektiv zu stärken. Ohne je und je geistesgegenwärtig im Denken zu sein,

ist mir das Leben und das Kollektiv so gleichgültig wie der Staub, der auf Wüsten fällt.

Das Kernritual ihrer Freundschaft war der gemeinsame Nachmittagstee. In den zwanzig Jahren las Georg eine ganze Bibliothek vor. Vorrang jedoch hatte das Gespräch von Tag zu Tag. Was sie grad beschäftigte, wurde besprochen. Sie kannten keine Geheimnisse voreinander. Auch die sexuellen Erlebnisse und Nöte erzählte Georg, Hieronymus war auch hier ein verständnisvolles Ohr. Wie allein das Zursprachebringen das entscheidende Heil- und Erkenntnismittel der Psychologie ist, so ist es dies auch in der Philosophie und der Religion, in der Politik und im Recht, in der Wissenschaft und in allem überhaupt.
Dennoch kam Sunderwarumbes Homosexualität erst im zweiten Jahr zur Sprache, und Georg war zunächst nicht nur verblüfft, sondern schockiert. Eher noch als eine Homosexualität phantasierte er, Sunderwarumbe könnte mit der Haushaltshilfe Clara verborgene Nächte verbringen, denn die Witwe war nur ein paar Jahre jünger und kam jeden Tag mehrere Stunden für Haushalt und Garten. Sunderwarumbes Bekenntnis mit der gleichzeitigen Entschiedenheit, es niemals auszuleben, kam mitten in ihrer ersten Platon-Gesamtlektüre, und hätte Sunderwarumbe in den ersten Monaten der Verliebtheit Annäherungen gemacht, wäre Georg der gemeinsamen Nacktheit wohl nicht ausgewichen, so bedingungslos liebte er den Philosophen. Mit dem ausgesprochenen Coming-out aber war das platonische Verhältnis gegenseitig verewigt. Es führte zunächst dazu, dass Georg eine Zeit lang spärlicher zum Tee kam und in wenigen Wochen zehn Kilo zunahm, was ihm weder vorher noch nachher je geschah. Doch wie sich die philosophische Freundschaft wieder der freisten Offenheit annäherte, so normalisierte sich auch Georgs Gewicht, und die Liebe und der Körper pendelten sich erneut ins unermessliche Vertrauen ein. Zum Tee gab es immer entweder Kekse oder ein Stück Kuchen.

Wenn Georg auch zum Abendessen blieb, sprachen sie weiter bis tief in die Nacht. Blieb er über Nacht, sprachen sie nach dem Frühstück weiter. Als Georg im Februar 1985 die letzte Absage für seine Gedichte erhielt, fühlte er zum ersten Mal so etwas wie Märtyrerlust und Prophetenwut:

Schreibelst du immer noch?
Machst du immer noch Gedichtchen?
Immer noch nicht einen einzigen Satz gemacht.

Aus dem philosophischen Sandkasten des Hieronymus Sunderwarumbe:
Geschriebenes will gedruckt sein!
Dieser immanenten Sexualität des Schreibens kann sich keiner entziehen.

Nun aber kann meist nur ein kleiner Teil dessen, was einer an Philosophie in Schrift stellt, publiziert werden. Wer ankommt, muss die Konkurrenz entscheiden. Jeder, der Philosophie feststellt, muss sich auch als Kandidat der Publikation fühlen können, aber gesellschaftlichen Ruhm und materielles Auskommen darf er sich davon nicht versprechen. Es ist eine große Not unserer Zeit, dass der Kollektivbetrieb so absorbierend geworden ist, dass er die eigentliche Bestimmung ganz verdrängt. Das Aufleuchten des Seins in der Philosophie führt den Lesenden wie den Schreibenden hin zum phänomenologischen Begreifen, zur denkenden Sinnlichkeit, zur fühlenden Intensität, zur göttlichen Unmöglichkeit.
Es darf angesichts eines literarischen Angebotsüberhangs nie vergessen werden, welchen unersetzlichen Wert philosophische Literatur besitzt, so wie angesichts der chronischen Misere unserer landwirtschaftlichen Überproduktion mit ihrer andauernden Milchschwemme und den ruinösen Fleisch- und Butterbergen nie

vergessen werden darf, wie lebensbedrohlich es wird, wenn das tägliche Brot fehlt.

Existenz drängt zur Klarheit des Gedankens, in dem sie sich versteht.
Schreiben als Seinsschichtung des Lebens in Ablagerungen von Wahrheitskristallen. Die Koralle baut eine Welt, indem sie atmet!

30.6.1985
Georg hätte vielleicht ohne mich den Zugang zum Sterbewesen nicht gefunden und kann sich durch unsere Freundschaft frei darin halten. Auf der anderen Seite hält auch mich unsere Freundschaft im Sog des Geistes, aber in entgegengesetzter Richtung: meine Freundschaft führte ihn aus der Befangenheit des Lebens in die Offenheit des Todes, seine Freundschaft hält mich vom Tode zurück, in den mich der Sog längst hinüberzuziehen sucht.

Im Sommer 85 brach Georg das kaum begonnene Querflötenstudium wegen prophezeiter Mittelmäßigkeit gleich wieder ab und studierte Philosophie. Zugleich überkam ihn noch dämonischer die Technikverteufelung. Er stieg fünf Jahre in kein einziges Auto, verschenkte seine Stereoanlage und die Plattensammlung an Freunde, schaute in keinen Fernseher, verschmähte auch das Kino als des Teufels Scheinwerk, schrieb nur von Hand, schlief am Boden und träumte dies und das, Heilsgewissheiten am eigenen Körper, Jesus kam nicht selten darunter vor.
Die ersten fünf Jahre der Freundschaft mit Sunderwarumbe war seine Erotik wie die des Freundes auch ausschließlich aus Phantasie befriedigte Gedanken. Durch Sunderwarumbes platonische Verliebtheit war sein Begehren ganz vom Geist benommen. Dezember 86 hielt er in einem Zeit-Seminar bei Lübbe auswendig ein Referat zu *Sein und Zeit*, Paragraphen 65–72, in solch prophetischer Selbstüberzeugung, dass Studenten bezeugten, noch nie hätte Lübbe so sehr die Fassung verloren und sein eigenes Reden

in Rage gebracht, dazu er unter anderem donnerte: Da könne man sehen, wie ein Student völlig gewendet würde und zu was für einem Fanatismus solche Philosophie führe, und dieser Student käme ihm vor wie eine Gattung deutscher Offiziere, welche nach dem Ersten Weltkrieg herumliefen mit einem Schildchen: Gib mir Existenz, egal welche!, daraus die Nazis in maximalen Graden gewachsen.

Das gab Georgs Narzissmus die nötige psychotische Spritze. Eingeleitet durch den Besuch eines Heidegger- sowie eines Hegel-Seminars in Freiburg im Breisgau, im Sommersemester 87, als er die meiste Zeit in Cafés oder in einem Hotel oder in Basel sich herumtrieb oder im Mai und Juni auch einige Tage nach Sils-Maria fuhr, ohne dass ein Mensch davon wusste, außer Nietzsche, als er dies alles tat und anderes nicht, da begannen sich ihm die Wolken in ihren Formen zu offenbaren oder auch einen Königskranz zu bilden, auch jede Schnecke am Boden gab ihm Zeichen der Auserwähltheit und Nachtfalter im Zimmer zeigten ihre Engelsaugen. Nachts um zehn, er war grad allein in Vaters Haus, lief er splitternackt aus dem Haus in den anliegenden Schweinestall, öffnete ein damals noch mit einem Mistgraben versehenes Gehege, nahm eine Handvoll noch warmen Sau-Urin, salbte damit sein Gesicht und nippte daran, mit der Gewissheit, dass nichts mehr ihn ekeln kann.

Die Schweine kümmerten sich nicht darum.

Er lief hinten gegen den Garten wieder aus dem Stall und versteckte sich weiterhin splitternackt beim Haselnussbaum unter den Ästen. Viele Stechmücken stachen ihn und er freute sich, gegen deren Stechen ganz immun zu sein und kaum Jucken zu verspüren; ein weiteres Zeichen göttlicher Sendung.

Anderntags half er abends dem Vater in der Käsi Milch annehmen. Es war aber seit Neuestem Sitte, dass die Bauern mitsamt dem Wägelchen in die Käsi fuhren, um die Kannen erst unmittelbar vor der Milchwaage abzuladen, was er sogleich als die letzte Schamlosigkeit und Achtlosigkeit vor dem ehrbaren Haus empfand, wie mit Schlammstiefeln in eine Stube trampeln. Er hielt die Nachbarbäuerin vor dem Eingang auf, um ihr dort schon die Kannen vom Wagen zu heben. Alsbald kam der Vater und wollte ihn daran hindern. Sie standen beide genau auf der Schwelle des Eingangs, einen Fuß drin, einen draußen. Da ergriff Georg wiederum das Symbolische und er schlug mit der nackten Stirn gegen Vaters Stirn zum Zeichen des Gottsegens auf der Schwelle zum Generationenwechsel. *Wir bieten uns die Stirn, wir tauschen den Willen und das Denken und die Macht,* dachte Georg den Schmerz spürend einsam vor des Vaters Antlitz. Der Vater indes schrie gewaltig ihn an, er solle sofort hinaufgehen.

Georg rannte hinauf in den obersten Stock, riss sich alle Kleider vom Leib, wobei er nur das Hemd sogleich zu zerreißen vermochte; Asche für sein Haupt war eh keine da, und er johlte und stampfte vor Glück und Zorn. Da hörte er von der Treppe her die Mutter aus dem unteren Stock rufen, was denn um Himmels willen los sei?

Er lief splitternackt die Treppe hinunter, umarmte die haltlos Weinende und sagte, sie solle keine Angst haben, der Großvater (ihr Vater) sei zu ihm gekommen (welcher drei Wochen vorher gestorben war); es geschehe alles um des Himmels willen. Alsdann stieg er wieder prophetisch die Treppe hoch, um oben weiterzutanzen. Kurz darauf hörte er die Schwester seinen Namen rufen. Er zog seine liebste, sich in der Mitte verzweigende Palme zur Treppe, kauerte in ganzer Nacktheit davor und sprach durch sie zärtlich: *Mozart ist zu mir gekommen, es geht um himmlische Musik.*

Als eine Viertelstunde später der Vater zu ihm hochstieg, während Mutter und Schwester unten unablässig Gebete in Richtung Himmel schickten, da lud der Sohn ihn an seinen runden Holztisch unter dem Dachfenster zu einem Vater-Sohn-Gespräch ein, lud auch noch den Geist dazu und hatte zumindest wieder ein Paar Hosen an.

Zuerst aber beharrte er darauf, den Tisch wie einen Käse mit Lappen und Tuch reinzuwaschen und zu trocknen.

Der Vater hörte ihm zu und sprach auch selber, freundschaftlich. *Vieles wäre zu sagen davon.*
Am Ende bat er den Vater um den Ehering und zog ihn selber an, dann hielt er ihn zur Dachluke hinaus und drohte, ihn einer Krähe zu überlassen. Der Vater bat ihn inständig, ihm den heiligen Ring zurückzugeben. Der Sohn lachte und erpresste ihn durch die Bedingung, mit ihm einen Ringkampf zu machen. Andertags fragte ihn die Schwester, ob er sie noch kenne, was ihm gar nicht schwerfiel, *du bist Sibylle, meine Schwester,* und er fand es auch überhaupt nicht beängstigend, dass sie fürchtete, er sei verrückt geworden.

Zuweilen kann man sie sehen, die Schwirrenden, die Vögel.
Die Eulenaugen, die Adlerrücken, die Möwenweißen;
die Krähen, scharenweise, die Fledermäuse:
die riesig drohenden, die racheschwarzen, die Hornissen,
die Silberdornen, die Stichdrohnen, die Stachelblitze,
wie Gewitter milliardenweise, aus den Lüften aus den Spalten haufenweise,
aus den Ritzen, den Höhlen, die Todesengel, die Gedanken,
die Fliegenden, auch die Kriechenden, die Hirsch-, die Horn-, die Leuchtkäfer.
Auch die Kreuzspinnen, Gliederspinnen, die armen Fliegen, die Verfolgten,
die Ungeziefer, die Vergifteten, Vertilgten, die Wespen.
Die Bienen aber, das Lindern, das Leiden, das Unsichtbare,
die Blindlider, die Blutströme, die Augenrose, die aber sieht man nicht.
Denn der Lindenschwärmer bleibt die verkehrt Geflügelte,
die gestülpte Holzwespe, noch immer, der noch immer Gerupfte,
die noch immer Nacktnackte, das immer noch Stallweißweichgewindelte.

Das Linnen, das Lakengekochte,
es spricht sich stimmlos wie gelöst.
Ein tonerdleises Ziehen im Gerippe,
ein dichtdichtes Drücken im Kehlkopf,
was gibt es Heimlicheres allein.
Es ist die geglühte Stimme, die Stille eines uralten Ofengesichtes,
Kusslippen sind es, das Einfache zu Feuer zu brennen,
ein eigenes, geheiztes, ein wohl getürmtes Zimmer.

Aus dem philosophischen Sandkasten des Hieronymus Sunderwarumbe:
Lerne arbeiten – und du wirst Muße ernten.
Lerne kämpfen – und du wirst Frieden haben.
Lerne töten – und du wirst lieben.
Lerne krank sein – und du wirst gesunden.
Lerne entbehren – und du wirst genießen.
Lerne leiden – und du wirst froh werden.
Gründe dich in deiner Nichtigkeit – sie entzieht dir niemand.
Halte dich an deiner Verzweiflung – nichts wird dich umwerfen.
Sieh auf die Not deiner Mitmenschen – du wirst deine Befangenheit verlieren.
Lerne Sorge tragen – und Besorgnis wirst du nicht mehr kennen.
Mache dich mit der Angst vertraut – damit du mutig werdest.
Lerne sterben – und du wirst leben.

Allen Wollens Wille ist die Macht,
Aller Träume Wunsch ist Freiheit.
Allen Lebens Sein und Sinn ist Geistesgegenwart,
Allen Denkens Maß ist die Möglichkeit.
Allen Philosophierens Leidenschaft ist Wachheit.
Aller Zukunft Einsicht ist Verzweiflung,
Aller Herkunft Ursache Zufall,
Aller Wege Ziel der Tod.

Das Glück des Lebens ist die Schönheit,
Das Heil der Welt ihr Nicht.
Jeden Daseins Bewährung ist die Entschlossenheit,
Aller Zeiten Zeit der Augenblick.

Allen Wollens Wille ist Gott,
Aller Träume Wunsch ist Lust.
Allen Lebens Sein und Sinn ist Liebe,
Allen Denkens Maß ist die Unmöglichkeit.
Allen Philosophierens Leidenschaft ist Ekstase.
Aller Zukunft Einsicht ist Ereignis,
Aller Herkunft Ursache Geheimnis,
Aller Wege Ziel der Kreis.
Das Glück des Lebens ist das Märchen,
Das Heil der Welt ihr Wort.
Jeden Daseins Bewährung ist die Offenheit,
Aller Zeiten Zeit die Zeitlosigkeit.

4.10.1988
Welche Plattheit, bei einem so bedeutenden Forscher wie Sigmund Freud zu meinen, die unermüdliche Fragelust der Kinder sei nichts als unbewusste sexuelle Neugier, die sich nach einer umfassenden Einführung in die Konkretheiten des Geschlechtslebens von selbst verliere, wo es doch tatsächlich so ist, dass bei jeder Erkenntnis die offengehaltene Frage der Wahrheit immer näher kommt als jede mögliche Antwort, ja, dass der Mensch aufhört, wahrhaft zu existieren, wenn er auch nach dem zu fragen aufhört, was niemand jemals mehr wirklich zu beantworten vermag.

Freuds Autorität beruht auf seiner völlig deterministischen Wahrheitsauffassung. Es gibt für ihn weder Zufall noch freies Spiel. Jede Leistung und Fehlleistung ist eine Absicht eines durchgängig determinierten seelischen Apparates. Freud definiert nachgerade die wissenschaftliche Strenge mit der deterministischen Methode, dass es keine Freiheit und keine Zufälle gibt. Hinter allem scheinbar freien Tun steht das Triebprogramm des psychischen Mechanismus. Nun beginnt aber das menschliche Programm schon beim Kind immer zugleich auch als Spiel. Gerade Freud, der alles menschliche Verhalten auf die Erfahrungen des Kindes reduziert, ignoriert das beim Kind immer auch evidente Spiel! Warum? Weil ihm das Spiel kein Sinn sein kann eines leeren Universums. Aber das Leben ist eben sowohl als Programm als auch als Spiel wirksam. Die Wissenschaft kann ja auch nicht anders als nur als Methode nur das analytische Programm erkennen, auch wenn sie das Spiel untersucht. Jedem aber gehört auch das Schöpferische des Spiels, welches schon von Kind an gegeben ist.

Freud erkennt in dem Faktum, dass die Sprache das einzige Mittel auch der psychoanalytischen Bewusstmachung ist, etwas Banales. Nicht banal aber ist, dass sie ebendrum nicht nur eine evolutionäre Überlebensverbesserung, sondern zugleich alles Erkennen allererst hell und zu einer anderen Dimension erhebt. Für den Wissenshungrigen im Apparat mag dies banal sein, wenn er nur ihren Werkzeugcharakter sehen mag, für uns Sprachmenschen aber ist es das alles Werken erst Erhellende schlechthin. Und drum schmunzelt Freud sogleich in seine imaginäre Zigarre, wenn da ein Sprachmensch wie wir sagt, dass das Erkennen selbst göttlich ist. Warum schmunzelt der alte Herr über die Göttlichkeit seines Erkennens? Weil sich im Erkennen zu erkennen geben nicht vom Erkennen unterscheidet. Das von Gott unabhängige Vermögen, zu erkennen, ist wiederum die Bedingung der nur in der Wahlmöglichkeit gegebenen Freiheit, das Erkennen als nichts anderes als Erkennen zu erkennen oder eben nicht.
Dass aber die Geschichte Gegenwart ist,

dass aber kein Augenblick ohne das schon Geschehene und noch Geschehende geschieht, beweist
den Gottraum der Zeit.

Freud hat Gott verneint und sich damit unweigerlich selbst die Gottautorität gegeben, die jeden Traumes Wunsch ist.
Freud hat den Gottgedanken zum infantilen Vaterproblem degradiert und dem Menschen fast den Traum genommen, der unsere wachste Gegenwart und unsere Wachheit selbst ist.
Darin ist Freud selber so hellwach, dass er luzide den Traum ins Licht stellt wie in den Sagen der Lichtträger Luzifer, mit derselben Ignoranz der göttlichen Herkunft. Daraus erwächst Freuds Autorität des Gott verdrängenden Vatermords.
Er hat den Vatermord aus seinem eigensten Ödipuskomplex vollzogen, weil der Ödipuskomplex Freuds allerpersönlichstes Erleben war zu seiner nur einundzwanzig Jahre älteren Mutter und seinem auch von der Mutter wenig geliebten einundvierzig Jahre älteren Drittehenvater.
Freud hat seinen eigenen Ödipuskomplex zum universalen menschlichen Vatermord autorisiert und an die Gottstelle die Psychoanalyse gesetzt. Weil er einen kalten Vater hatte, war ihm auch das Glück des herrlichen Vaters eine Verdrängung der Realität.
Für Freud hat ein glaubender Mensch ein Vaterproblem. Aber zugleich hat auch Freud ein Vaterproblem und kann drum nicht glauben. Glauben ist Verdrängung der Realität. Aber ebenso ist Realität Verdrängung des Glaubens, der genauso real ist wie die Realität. Es ist richtig, dass man den Glauben braucht, weil man die Realität nicht erträgt. Aber es ist genauso richtig, dass man die Realität braucht, weil man den Glauben nicht erträgt. Realität und Glauben sind zwei Existenzräume, die einander widerlegen und durchdringen und bestimmen.

Freud hat nur die Realität zugelassen, aber doch ans Erkennen als Ideal der Psychoanalyse geglaubt. Und auch Freud nennt Logos seinen Gott in der *Zukunft einer Illusion*. Dem Erkennen, dass Gott nicht existiert, entspricht wiederum Gottes Ungeschaffenheit. Das Fazit der Freudschen Realität bleibt unbenommen: Die Bezeichnung Über-Ich ist ein Gottattribut, die grandiose Geistesgegenwart, dass das inexistente Göttliche als Gewissen in jedem innewohnt, jederzeit und überall. Selbst in der pur darwinistischen Auslegung der Rudelführerposition des Alphatiers bleibt die daraus nicht abzuleitende Instanz des sich Verdankens, für welches der große Psychologe keinen zureichenden Grund findet, weil der Abgrund Gott keinen Grund hat, sondern ein Grund zur Anbetung ist.

Anbetung musste dem Wissenschaftler Freud wiederum per se ein Gräuel und ein abscheulicher Autoritätsverlust sein. Das Vermögen, anbeten zu können, aber ist das wunderbarste.

Über-Ich bleibt ein formalisiertes Wort für Gottgegenwart. Freud nennt dies als Idealisierung des Ichs eine Verleugnung und Verdrängung und Verneinung von Realität, verneint aber wiederum, dass das denkreale Ideal die Realität allererst als Realität manifestiert. Nietzsche hat in allem das Ungeheure der Existenz gesehen und gelitten und gelebt. Freud hat es auf ein triebmechanisches Schema reduziert. Nietzsche hat den Tod Gottes geschrien aus göttlicher Sehnsucht und göttlichem Feuer. Freud hat den Gottknoten des Todes zur seelisch sexuellen Störung gekränkter Allmachtsphantasien pathologisiert. In Freud muss die Wahrheit kränkend sein und kann nicht anders als kränkend sein, denn Glauben auf eine Gekränktheit hin auslegen und auf eine kinderneurotische Krankheit reduzieren kann nicht anders als kränkend sein. Freud kann nicht anders, weil ihm Glauben eben per se ein Ignorieren der Realität ist. Freud kann einfach nicht glauben, dass Glauben der realste Innenraum des Erlebens ist. Doch, das kann er schon glauben, aber er kann einfach nicht glauben. Das kann man ihm im Grunde nicht übel nehmen. Aber man muss es ihm aus der wahrhaften Grundlosigkeit doch übel nehmen, weil er damit das Wunder der Anbetung ignoriert, welches märchenhafter ist als alle Realität. Dass die Wahrheit ein Märchen ist, macht das Märchen zur Wahrheit. Das Märchen der Wahrheit ignoriert nicht die Realität, sondern vergöttert sie aus seelischem Liebeslicht und macht selbst die Realität wahrer als alle Realität, indem der Geist eben aus allem mehr macht, als es ist. Weil Freud das die Realität vergrößernde Göttliche verneint, ignoriert er auch das sexuelle Feuer als Göttliches genauso wie das geistig Göttliche, welches uns in der unvermeidlichen Verstiegenheit der Sprache immer innewohnt, obschon es real Illusion ist. Auch das Es ist eben aus der überrealen Illusion der Sprache dämonisch göttlich. Und seit Nietzsche ist der Geist und der Leib wieder ein und dieselbe numinose Allheit, die er ja eh schon immer von Anfang an bis an alle Enden aller Anfänge jeder Zeitenläufe gewesen sein wird.

Heute zeigen sich Freuds Es und Über-Ich als Dimensionen des nicht einmal als schizophrenes Tier ganz geistlosen Feuers, welches seit dem Dornbuschwahn in jedem Menschen brennt, ohne zu brennen. Darin wird auch evident, dass wir dem Geheimnis entspringen und nicht dem wissenschaftlichen Ergebnis der Erfahrung. Alle Erfahrung entspringt selbst dem Geheimnis, welches keine Erfahrung und keine Wissenschaft lüften kann.

Aus dem philosophischen Sandkasten des Hieronymus Sunderwarumbe:
Wenn mir ein Traum vor Augen geführt hat, dass ich alt werde, die Haare und die Zähne verliere, alles vergesse, von niemand mehr geachtet werde, überall peinlich unerwünscht bin, in kalter düsterer Landschaft oder in scheußlichen Großstadtslums ausweglos und aussichtslos einer zunehmenden Vereinsamung und Verlassenheit entgegengehe – dann erwache ich jeweils mit einer

fürchterlichen Schwere in der Brust, mit einem unerträglichen Gefühl der Verzweiflung im Herzen und einer trostlosen, grauen, einförmigen Leere im Kopf, sodass ich unfähig bin, mir irgendetwas vorzustellen und auszudenken, woran ich mich noch aufrichten und erfreuen könnte. Bin ich aber in einem Traume – in welcher Gestalt auch immer – dem Tode begegnet, ohne vor ihm Reißaus nehmen zu müssen, mag mir darüber auch der bare Schrecken in alle Glieder gefahren sein, so erwache ich aus solchen Träumen stets mit einer unbegreiflich zuversichtlichen Selbstgewissheit: gestärkt, erfrischt, wie neugeboren, voller Mut zum Leben wie zum Sterben.

Verstandenes Unglück: bedeutendes Schicksal,
unverstandenes Unglück: absurdes Verhängnis!

Setze Tod positiv und alle Lebensungleichungen gehen auf.

Wer nie geboren wird, entbehrt nichts. Wer gestorben ist, hat nichts verloren.

Wir können nicht sterben, das ist das Verhängnis unserer Zeit. Und tatsächlich können wir nicht sterben. Drum sollten wir umso liebender sterben können. Endlich hat man eingesehen, dass für den Staat zu sterben eine Lüge ist und für den Fortschritt zu sterben eine Lüge ist und für Ruhm zu sterben eine Lüge ist und für Reichtum zu sterben eine Lüge ist und für einen Menschen zu sterben eine Lüge ist und für eine Sache zu sterben eine Lüge ist. Doch für etwas sterben wollen ist dennoch besser als nicht sterben wollen! Am schönsten für nichts sterben wollen. Für nichts als Liebe. Aber die Realisten können nicht sterben, weil sie nicht glauben können und drum nur das Leben zählt. Die Realisten können nicht sterben und das Leben wird zur Hölle der Anpassung, welche immer übler zum Überdruss wird, der dennoch nicht sterben kann. Alles wird lau und es gilt nur die feige, fahle, weichgespülte Sicherheit. Es darf überhaupt nichts mehr Gefährliches gewagt oder gesagt werden. Boxkämpfe müssen vor dem Knockout-Schlag abgebrochen werden, Fußballfans dürfen nur noch Alkoholfreies trinken. Man darf nicht mehr ohne Helm auf die Straße treten. Man wird zur Grippeimpfung gezwungen. Man hält es ernsthaft für sinnvoll, dass alle Menschen hundertfünfzig Jahre alt werden, und meint, damit ein erfüllteres Leben zu haben. Das Leben nur um des Lebens willen ist das zunehmende Realproblem der Realität.

VIERTES KAPITEL

1.1.1989
Ich lerne ja jetzt erst mich selber in meiner Problematik wirklich zu sehen und anzunehmen. Georg ist zwar offenbar ein ganz anderer psychologischer Typus, was wir aber gemeinsam haben, ist dies, dass wir beide von der Verrücktheit bedroht sind, nicht so sehr im klinischen Sinne als von der Verrücktheit einer unmöglichen Üblichkeit.

Sunderwarumbe hatte eine stupende Fähigkeit zum Auswendiglernen und einen fast klinischen Zwang zum Wissenmüssen.
Er wollte nicht nur alles wissen, er wollte es ganz genau wissen, und er wollte sein Verstehen auch immer mitteilen. Es genügte ihm nicht, ein Auto fahren zu können. Er wollte wissen und erklären können, wie der Motor funktioniert. Auch als er sich mit achtzig noch in den Computer einarbeitete, war es ihm nicht genug, die Programme handhaben zu lernen und die ganze Gebrauchsanweisung weit über das Nötige hinaus zu studieren, sondern er studierte mehrere Bücher der Computerwelt. Bei ihm hatte auch der Dilettantismus immer sogleich professionellen Charakter. In den Sechzigerjahren photographierte er mit seiner Hasselblad so minutiös, dass er bald bessere Photos machte als viele Berufsphotographen, denen es aus Routine an Tiefblick fehlte. Er sagte, man solle sich als Dilettant vom italienischen *sich erfreuen* her so ernst nehmen, bis man vor Freude an der Sache den Profi übertreffe. Über welches technische oder politische oder medizinische oder biologische oder mathematische oder physikalische oder psychologische oder poetische oder musikalische oder geschichtliche oder philosophische Thema auch immer man mit ihm sprach, war er sogleich akut selber interessiert und meist schon höchst versiert, und wenn ihm das Thema zu wenig geläufig war, orientierte er sich unverzüglich gründlich darüber und machte es zu

seinem eigenen. Sein medizinisches Wissen war so umfassend, dass er sich mit den Ärzten immer mit den lateinischen Ausdrücken sowohl der Krankheiten als auch der Medikamente unterhielt, und auch sein Hausarzt Röst bezeugte, er habe noch nie einen Patienten kennengelernt, der sich so gescheit mit ihm über die Krankheiten besprechen konnte, was natürlich auch an die Grenze des Besserwissens geriet, je älter er wurde, desto mehr.

Er hatte im Laufe der Jahrzehnte eine ganze Apotheke an Medikamenten zu Hause und der Pschyrembel gehörte zu den täglich konsultierten Büchern. Fast unglaublich und nahezu grenzenlos war seine Fähigkeit, Gedichte und auch Prosatexte auswendig zu behalten. Zu jeder Situation zitierte er berühmte Stellen, wohl am häufigsten von Goethe, von dem er unzählige Gedichte und den ganzen *Faust 1* und noch verrückter fast den *Faust 2* und am allerkrassesten den *West-östlichen Divan* auswendig kannte. Auch Gottfried Benn war allgegenwärtig. Schillers Gedichte benützte er zum täglichen Training des Gehirns, denn sie seien dafür ganz besonders gut geeignet, und auch C. F. Meyers Balladen und Rilkes Elegien hörte sich Georg immer wieder einmal zum Tee an, damit Sunderwarumbes Gedächtnis zum Zuge kommen konnte. Aber auch Georg war davon angestachelt, Gedichte auswendig zu können, denn es sei der tiefste Sinn der Gedichte, dass sie im Gedächtnis wohnen, und nur so seien sie wertvoller als alles Gold der Welt. So machte es sich bald auch Georg zur Leidenschaft, Hieronymus zum Tee Gedichte vorzutragen, und bald schritt er die *Atemwende* lückenlos wie einen entsetzlich wunderbaren Weg ab. Auch Hölderlins Elegien. *Brod und Wein* deklamierten sie im Chor und auch Trakl gereichte ihnen bald zum Duett.

8.4.1989
Georg will mir eine Auslegung seiner Kant-Lektüre bringen *(Kritik der reinen Vernunft)*. Hoffentlich erwartet er keine zünftige Kritik von mir! Mit dieser Art von Philosophie ist es für mich endgültig

vorbei. Kants Gehirn-Akrobatik ist für Professoren, ich halte mich in Sachen Begrifflichkeit nur noch an *Sein und Zeit*. Aber natürlich Zuhörer und Teilnehmer bin ich gern, und ich hoffe, auch kein unverständiger.

Dass alle Erkenntnis mit der Erfahrung anfängt, aber nicht aus der Erfahrung entspringt, damit macht Kant das erkennende Denken an einem nicht erfahrbaren Ort fest. Der außerweltliche Punkt des Denkens ist das Denken selbst, das sich immer schon von aller Welt abhebt.
Und dass sich das Denken von der Welt abhebt, um überhaupt zu denken in der Welt, das hat seinen Grund wiederum in einem Jenseits der Welt, an dem wir nur in der Einbildung teilhaben. Dass alles Denken von einer nicht seienden Einbildung aus geschieht, ist als Ursprung im Ungeschaffenen ein Gottpunkt, dessen Nichts in uns das Erkennen konstituiert.
Diesen Gottbezug des eigenen Erkennens intendiert Kants a priori, auch wenn er das nicht ausdrücklich zu sagen sich erlaubt. Aber wie Gott ist der reine Gedanke von aller Erfahrung unabhängig. Das a priori vor aller Erfahrung ist die gedankliche Idee, welche eine göttliche Einbildung ist. Dass wir die Realität als Realität erfahren, ist schon seit Platon eine mit dem Maß der Idealität sich erschließende Welt. Und aus dieser konstituierten Idealität wird jedes Erkennen zum Gottprozess, welcher sich als Geschichte der Menschheit unaufhaltsam entfaltet.

Worin wollen wir Kant denn kühner verstehen, als er sich selber verstand? Dass die Nichtexistenz und die Einbildung nicht gegen das Ideal sprechen, sondern die Bedingung der Unvergänglichkeit und Unzerstörbarkeit und Freiheit sind.
Gerade dass die Transzendenz nichts ist, ist das Wunder der Transzendenz. Und nur solange man dies mit einem Geldwert vergleicht, sind die hundert möglichen Taler weniger als die hundert

wirklichen. Als unschätzbares Wissen sind die hundert wirklichen Taler gegenüber der inneren unzerstörbaren Lichtlust wie ein falscher Heller. Dass das Nichts des Raums und das Nichts der Zeit und das Nichts des Verstandes und das Nichts der Vernunft und das Nichts der Idee mehr ist als alles, gibt dem Nichtsein Gott zurück, der dem Glauben schon immer gegeben ist. Gott existiert nicht, um erst recht unser Erkennen selbst zu sein. Das bringt Kant zum Ausdruck, ohne es ausdrücklich zu glauben. Wohl sagt Kant, er musste das Wissen fahren lassen, um dem Glauben Platz zu machen, aber Glauben ist Nichtsein, welches für Kant kein Glaubensgrund zu sein vermag.
Für Kant ist dieser Illusionismus kein Glaubensgrund, oder ist genau der Grund, dass man glauben muss und nicht wissen kann. Doch aus dieser Illusion entspringt all unsere Illumination, das Licht des Erkennens und der Wachheit und der Existenz als Gotterkennensprozess der Menschheit.

An der Einbildung teilzuhaben, ist das Erwachen des Menschen.
Es hat nichts mit der Schöpfung zu tun, sondern gehört in das Nichtsein vor der Schöpfung und nach der Welt.
Auch die wissenschaftliche Untersuchung ist schöpferisch und eine Leistung der produktiven Einbildungskraft wie aller Verstand. Aber sie ignoriert zumeist, dass Wissenschaft unweigerlich selbst schon etwas Jenseitiges und Göttliches ist. Auch wenn die phänomenale Hirnforschung die Bewusstseins- und Intelligenzzentren perfekt erkennt und den Menschen auf sein neurologisches Programm hin genauestens entschlüsselt, bleibt es Erkennen der gegebenen und erfahrbaren Materie und nicht die Helle des Erkennens selbst, das sich aus der nicht seienden Einbildung speist.
Selbst wenn der Forscher sein eigenes tätiges Hirn erforscht, erkennt er daran nur das an der Hirntätigkeit Ablesbare, welches nicht der aus nichts sich lichtende Akt der Wissenschaft selbst ist. Das Erkennen biologisch und evolutionär und als zufällige

Gegebenheit eines Urknalluniversums zu erfahren, ist möglich und wahr, aber einseitig, weil es die Einbildung selbst, die die Gegebenheit zur Gegebenheit macht, ebenso als Gegebenheit nimmt, was sie aber nicht ist. An dieser Trennlinie zwischen dem Gegebenen und der Einbildung scheidet sich unser Weltverständnis in Realität und Glaube, Geschaffenheit und Ungeschaffenheit, Determiniertheit und Freiheit, Programm und Spiel, Hirntätigkeit und Helle, Neurologie und Nichts, Materie und Illumination, Universum und Utopie, Physik und Geist, Notwendigkeit und Gedanke, Apparat und Idee, Ding und Traum, Zufall und Bedeutung, Experiment und Liebe, Instrumentalisierung und Anbetung, Sache und Sprache.

Auch in der Schizophrenie und in der Tatsache, dass der Mensch so wundersam mehr sein kann, zeigt sich, dass die Einbildung unsere fundamentalste Bestimmung ist. Nur weil all unser Verstehen und Erleben aus der Einbildung und in ihr überhaupt möglich wird, kann der Mensch schizophren sein und ist es immer schon. Darum wird das Ich sich selbst zum Objekt und die Selbstbeobachtung möglich als Beobachtung eines anderen, und darin finden sich erste Spuren eines gefühlten Wissens als Gewissen, das der Allgegenwart des *Alles in allem* ein erster Handschlag ist.
Und einfach wunderschön: Aus der konstitutiven Einbildung können wir weltfremd sein, was die Tiere nicht sind, weil ihnen die Einbildung der Bedeutung und des Sinns und also die Bedeutungslosigkeit und Sinnlosigkeit fehlen.
Und auch wenn uns Bedeutung und Sinn meist so wurst sind wie dem Hund nur die Wurst nicht, so bleiben wir unweigerlich das eingebildete, wahnsinnige, phantastische Tier. Die Einbildung ist nicht subjektiv im Einzelnen, sie ist ein einziger Unraum im All.
Was wir heute Wirklichkeit und Realität nennen, ist die Geschichte einer jahrtausendelang gewachsenen Einbildung. Die Einbildung ist dabei völlig vergessen, nur das Faktische wird gesehen. Aber

wie wir Zeiträume des einzigen Augenblicks sind, ist die Einbildung der Zeitlosigkeit so durch alles durch und in allem drin wie das Gedankenlesen. Und im Ende ist das ganze All eine Seifenblase, und die Einbildung, die das All zum All und die Materie zur Materie und das Leben zum Leben macht, bleibt und wird offenbar, wie sie es schon immer war. O Mensch, wir sind ein Zeitraum! Was für ein Unsinn, zu denken, wir sollten ganz im Jetzt leben lernen, es sei denn das Jetzt des ausgedehnten Augenblicks, welcher das ganze Leben atmet, vor und zurück, ein und aus.

Kant hat dem Apparat die göttlichen Voraussetzungen des Apparates abgelauscht, wobei er selber wie ein Apparat blieb: Kant blieb Kant.
Dabei beginnt das Ekstatische Heilige Gebetische Liebende Sterbensfähige Zeugungsfähige Trauerlustige Urkomischtraurige doch gerade erst da, wo der Apparat aufgrund von nichts verstaubt. So wie der Glaube erst da beginnt, wo man erkennt, dass Gott nicht existiert. Daraus und darin füllt sich die Gottlücke als Akt als Erkennen als Gebet.

Kants rigide Unterwerfung unter die moralische Pflicht macht die Vernunft zum Automaten des nur funktionierenden Sinns als Stumpf von Leben.
Obwohl Kant immer betont, bei verneinter praktischer Freiheit würde der Mensch zum mechanischen Automaten, benutzt er die Freiheit doch einzig zum stumpfverkürzten Pflichterfüllen. Und er sagt, wenn man aus Liebeslust und nicht aus absoluter Pflicht moralisch sich verhält, sei das Schwärmerei und Eigendünkel. Und obschon er damit aus der Vernunft apodiktisch recht hat, setzt er damit die Liebe schlicht zu niedrig an. Gerade das ist das ewig Revolutionäre des Liebesleidens, dass sie die größere Lust ist, welche darin auch die größere Lust zur moralischen Güte und Hochherzlichkeit und Großmütigkeit hat, gerade und einzig aus

Freiheit, und es braucht darin nicht ihre Entwürdigung unter die Pflicht, und den immer gebeugten Rücken des Menschen braucht es eben auch nicht.

Kant, der so viel von Würde weiß, nimmt der Würde die Würde durch Entwürdigung der unantastbaren Freiheit unter das Joch der Pflicht. Und diese ist die Herrschaft über die Feigheit und also der Lauheit ähnlichster Bruder. Was ist der Zeitgenosse de Sade dem Kant da für ein Gegenherkules, ahnte der im Osten seinen Weltenradius abschreitende Herr im Gehrock die Enge der durch Stäbe begrenzten vier mal acht Meter im Westen des Herrn in Knastkluft und seine alle Stäbe zerbersten lassende Phantasie, bis tief hinein in die innerste Lustindustrie von Bauern- und Adelssprossen, weiblich wie männlich wie in allen Mischformen, und wie dieser dem Menschen seine Freiheit als umso bestialischer auch umso würdiger und umso gottloser umso größer zumutet, was war der dem Kant für ein Gegenherkules? Nach de Sade ist die natürliche Grausamkeit die allergrößte Lust, drum je grausamer ein Mensch ist, desto größer ist er, je grässlicher, desto göttlicher und dem Sinn der Natur angemessener. Und angesichts seiner Hölle springt das unaussprechliche Labsal der Herzlichkeit umso reiner empor. Und dann ist evident: Die Grässlichkeit ist sich selbst Hölle, weil sie das Überglück des Herzens, den Wahnsinn der innigen Liebe nicht erkennt.
Und natürlich ist das auch die Herrlichkeit von Kants moralischer Gottkraft. Doch ohne Ekstase ist alles Leben ohne Salz und aller Geist ohne Feuer und alles Gras ohne Blume.
Und die Orgasmusbeflügelung fehlt ihm nicht nur, sondern er verfemt sie und kanzelt sie als Schwärmerei ab, statt als Passion der Liebe sie zu besingen. Und nicht dass sie ihm fehlt, verfehlt sie, sondern dass er Gott das ekstatische Feuer und also den Einzigartigkeitsexzess und also das Leben nimmt. Das ist die Krux von Kant.

Dass dieser Kant krix krax krux moralisch apodiktisch recht hat darin, dass die Pflicht die größere Würde ist als die Liebe aus Neigung.

Aber, krux krax krix, die Liebe, und jetzt Emphase: die Liebe, ganz leise jetzt, die Liebe: sie sprengt den Begriff der Pflicht. Hört ihr's, Freunde, hört ihr's nicht?

Die Stille.
Die Liebe.
Sie ist die Einzigkeit, unabhängig von der Anbiederung an die staatlich organisierte Anständigkeit.
Sie ist die Intensität täglich zum Leben hin also auch zum Sterben, und sie ist nicht die Zahnrädchenleerheit von Politik und Wirtschaft.
Das Gebet ist die größere Lust. Genau das zeigt de Sade, dass seine Lust am Zu-Tode-Foltern nicht die größere Lust ist, wie er behauptet, sondern die größere Lust ist das Aneinander-Vergehen vor lauter sich hingebender Liebeslust hin zum anderen, hin zum Fremden, zum Gegenüber, zum Auge in Auge, das sieht bis tief hinein in die Verliebtheit des Herzens.

Drum zeigen sich bei völliger Entwertung der obersten Werte diese erst recht als die unzerstörbaren, indem sie sich von sich selbst her zeigen als das, was sie sind: des Herzens liebste Attribute!

27.4.1989
Georg ist Maniker, ich Problematiker.
Er Mystiker, ich Rationalist.
Seine Stärke liegt im Prärationalen. Ich denke an meinen frühen Aphorismus: *Als der Kopf Augen bekam, wurde der Leib blind*. Georg denkt leibartig. Meine Taubstummheit für die Leiblichkeit war zuerst geradezu schizophren, ich musste sie paradoxerweise erst via Vernunft erschließen. Auf jene Psychologie, die man nicht

lernen muss, habe ich mich nie verstanden. Mit welcher Leichtigkeit aber versteht es Georg, mit Schülern umzugehen, und fast noch erstaunlicher: sein Einfühlungsvermögen in geistig Behinderte. Vielleicht ist dies das Phänomen, das darauf verweist, dass er im schwächsten Sinne von Sinn auf fatale Weise zu Hause ist, ich empfinde dies stark problematisch, sein unproblematisches Fliegen in alle Geistessinne.
Aber sind nicht unsere Urworte aus dem Leib geboren worden? Unsere Grundbegriffe aus Handbegriffen?

4.5.1989
Nietzsche ist ein ungeheures philosophisches Lesevergnügen. Als Studium aber ein Stoff, an dem sich jeder unfehlbar seine ideologischen Milchzähne ausbeißt.
Kant hingegen ist mühsame Lektüre, hat man aber die Mühe bestanden, hat man ihn auch verstanden und kann weitergehen, auf andere Landschaften zu.

Hegels Gott schließlich ist der absolute Tod der Natur. Das Verdikt seiner unwiderlegbaren Dialektik bringt es auf den Begriff: Des Menschen Geist als Gott ist tot, und die logischen Systeme machen aus uns Untote, die wir ohne Natur unweigerlich schon immer gewesen sein würden, möglich also auch: es sind.

7.5.1989
Am Tode Gottes ist die ganze Menschheitshybris in einen Spiegel geraten, der unendlich nach hinten kippt und schmerzt, sodass man in der Fratze dieses Schmerzes seinen Gott erkennen mag: so ist der Mensch geworden Gott.

FÜNFTES KAPITEL

Im Sommer 89 verliebte sich der sechsundzwanzigjährige Georg zum ersten Mal, er verliebte sich in eine Italienerin, ihr Name eine italienische Variante von Stephanie, Stefania – er war über fünf Wochen in Bagno di Romagna zu einem Italienischkurs, und sie war auch da, war eine der beiden Lehrerinnen, so alt wie er war auch sie, aber anders als er war sie schon verlobt, indes nicht weniger verliebt, der Glanz in beider Augen, er zeugte davon. Und der Tag draußen einer der vielen von warmen Sommernächten.
Am Montag der letzten Woche während der Autofahrt abends, während welcher sie eng zu dritt hinten, flüsterte sie zu ihm, der Dritte im Bunde war ausgeschlossen von ihrer ohrnahen Geste der Lippen, sie bräuchte eine pazzia und ergriff seine zwischen ihren Gesäßen zwar einerseits liegende, andererseits doch nur heißinniglich wartende, glühende Hand.
Die Nacht vor seiner Abreise verbrachten sie mit ununterbrochenem Küssen und Plaudern. Eins.
Den weiteren Teil der Nacht vor seiner Abreise verbrachten sie auch mit Plaudern und Küssen, und zwar aneinander und aufeinander angezogen auf dem Diwan der Küche ihrer WG. Zwei.
Gegen drei, in derselben Nacht, nachdem sie ihm nicht hatte glauben wollen, dass er noch nie mit einer Frau geschlafen, da fragte sie ihn, *Una domanda,* sagte sie, *vuoi fare amore con me?* Oh!

Er sprach von wunderbarem Küssen und Reden.
Er sprach davon, dass das nimmermehr zu enden bräuchte.
Er sprach davon und von anderen Dingen, er sprach und wollte sich retten ins Reden, dass die Zeit eine Fülle habe und seine Leere nicht in den Raum springe!
Einige Minuten später. Sie fragte erneut, sie fragte im selben, sanften, vorwegliebenden Ton, fragte ihn fast wie abwesend und doch

ganz gewiss ihres Tuns und Wollens: *Una domanda, vuoi fare amore con me?*

Er sprach und griff in der Sprache nach Netzen, in denen sie sich verfangen sollte, er sprach und holte weit aus und entlieh dem Himmel Boten des Reinen, er sprach, wie er bis jetzt noch nicht Mensch, sondern noch immer Engel sei.

Und dass er sterblich werden würd', wenn er schliefe mit einer Frau, wie auch all jene geschlafen mit einer Frau, die da in den Gräbern liegen jetzt der Sterblichen, allüberall auf der Welt, von den Bergen hinab bis hoch zur See, wo er noch nie gewesen.

Nochmals, wohl wieder eine halbe Stunde später, sie waren schon längst wieder bei anderem, da sah sie hindurch durch ihn und hub ein drittes Mal an zu sprechen mit ihrem Mund, so einzig sich selbst gehorchend, dass kein Arg lag in ihrer Stimme: *Una domanda, vuoi fare amore con me?*

Er hörte die Frage in sich hinein, so tief als möglich.

Er suchte nach einem Signal.

Nach einer Warnung, nach einem Verbot aus innerer Stimme.

Es blieb ganz still in ihm.

Er sah zum nachtschwarzen Fenster hinaus und dachte an Sokrates: Es gibt doch eine Stimme des Gewissens, die immer ihm gesagt, oder ein Gefühl, das immer ihm gezeigt, wenn er etwas nicht tun soll – es blieb ganz still in ihm, und da hub er an, in ihm fremder Sprache zu sprechen zu ihr, und es bedurfte nur des doppelten Jas, um es auch ganz zu sagen: *Si, voglio.*

Indes war er genital weder erregt noch erigiert.

Er war wie blöde. Sie übernahm.

Stefania öffnete ihm die Hose und begann ihn zu masturbieren, ihm stiegen wie zur Hilfe gerufene Bilder ins Hirn, die Bilder, die er sonst nutzte, um zu prüfen, wie es wäre, seine Engelnatur

abzugeben an die der Sterblichen, doch die Vorstellungen waren zu schwach vor der Wirklichkeit, vor die sie sich nicht stellen konnten, und so geschah: nichts.
Sie, die Lehrerin, grub ihr Gesicht zu ihm hin, und es geschah: nichts.
Er schwitzte trocken und dachte ganz selbstversunken ins Nichts dieser seiner ersten wahren Nacht: *Siehst du, es soll doch nicht sein, dass ich der Engel Kreis verlasse.*
Zwei, drei Minuten waren verbracht im ungleichen Kampfe um dasselbe Ziel eines möglichen Glücks.

Da wurde er dann unruhig und wollte schon sagen, dass sie es lassen solle, dass es schon gut sei, so wie es war, da aber geschah das ihm Unerhoffte auf uns allen bekannte Weise dann doch, da strömte dann doch Blut und da war sie von solch einem Stolz ergriffen über sein Erigieren, dass sie ihn führte, unendliche Ordnung der Dinge, hin zu ihrem Geschlecht, sein Herz schlug, schlug heftiger und heftiger, er war an der Schwelle, jetzt, jetzt bewegten sich all seine Kräfte vereint mit den ihren in heiliger, uralter Ordnung, die Engel schlugen die Flügel auf und zogen davon, welch herrliches Rauschen!, keine Trauer im Raum, je weiter sie weg, desto wirklicher er und wahrhaftiger er dabei, hineinzugelangen, und hundertmal phantastischer fühlte sich der von ihm und ihr gefüllte Raum jetzt an, hundertmal phantastischer, als er es jemals gefühlt, und siehe, kaum war er drin, wohin sein Streben ihn gezogen gegen den Willen der Engel, die so engelgleich lieblich sich davongemacht hatten, rasch, so rasch, da war er, ebenso rasch, denn umfangen, warm und wahrlich umfangen, noch ehe er es richtig fassen konnte, war er da auch schon ausgeflossen und sterblich geworden.

Stefania, die Frau jetzt an seiner Seite, sie fragte: *È già venuto? È venuto dentro?*

Er sagte: *Si,* und war in Trance.
Sie sagte, sie nehme keine Verhütungsmittel, aber sie habe auch nichts sagen wollen, weil es doch das erste Mal war für ihn, aber das mache auch alles nichts und sie umarmten sich und er war in Trance und er sagte: *Ich will schnell auf Toilette,* und stand auf und fiel in Ohnmacht und lag auf dem Boden und kam wieder zu sich und Stefania sagte: *Dio!,* und er stand auf und ging Richtung Toilette und fiel das zweite Mal; aber ein drittes Mal fiel er nicht, bevor der Hahn krähte.

Acht Tage später. Er war unterdessen zwei Tage in der Schweiz, sie organisierte ein Hotelzimmer in ihrer Vaterstadt. Ravenna, uralte Christenstadt am Po.
Weil sie jene Tage dort grad unterrichtete, nahm er sie am letzten Abend mit ins Hotel, und da niemand an der Rezeption und sie ohnehin lieber von niemandem gesehen, in Ravenna wohnte ihr fidanzato wie auch ihr Vater, oh!, da nahm er hastig den altmodischen Zimmerschlüssel vom Brett und sie zischten hinauf ins Zimmer, die Schlangen.

Einzig eine Putzfrau hatte sie kurz doch noch gesehen und den wund geweinten Kopf geschüttelt zwischen ihren alten, rauen Händen.

Wieder lagen sie gemeinsam. Sein Herz schlug, wieder überaus heftig, und Stefania fragte lachend und lasziv, warum denn sein Herz so schlüge gegen ihre Brust? Er sprach erneut vom Gefühl, sterblich zu werden und also auf den Tod hin zu begehren, und als dies Wort fiel, da fiel auch viel Blut hinab in den Schlangenschlund ihres Begehrens und er wurde Mann: Stück um Stück und langsam zogen sie einander aus, um zu lernen, nackt zu sein miteinander; da klingelte schrill das Telefon.

KRRRRRRRRRRRRRRR.

Schock, wie sie beide erschraken! Ihn durchzuckte es: *Das ist Gott!* Und Stefania dachte: *O Dio! Mio fidanzato!*
Es war der Portier.
Er wies aufs Strengste darauf hin, dass er den falschen Zimmerschlüssel genommen (der dennoch passte!) und unangemeldeter Besuch in Single-Zimmern strengstens verboten (wund geweinter Kopf?).

Georg sprang auf, zog an, was da lag, ihren Slip, seinen drüber, sie lachte, er ihr zu, er nahm noch ein T-Shirt, er nahm auch den Zimmerschlüssel, denn um diesen ging es jetzt, auch wenn die Geschichte ihm schon besser gefiel als das Unheil, das mit ihr drohte, und so lief übermütig und nicht ahnend das Böse er hinunter, wo ihm auf der Treppe auch schon der Portier mit voller Entrüstung und drohender Hand entgegenkam und ihm befahl, mit der ragazza zur Rezeption zu kommen, und zwar immediatamente. Diese fand es köstlich, dass er ohne Hose hinausgestürzt war, jetzt aber begann die Pein sie zu quälen, ihr Name stand auf dem Spiel, ihr Verlobter und seine ganze Gattung, o Dio mio, sie gaben unten ihren falschen Namen und eine falsche Adresse an, verließen das Hotel, fühlten sich als delinquenti, und man weiß nicht warum, es ist ganz und gar unerklärlich, aber anstatt dass sie den Verlobten in der Vaterstadt Ravenna ins Bockshorn jagt und beim Engel bleibt, der da Mann geworden war in ihrer Erde, anstatt *Si* zu sagen auf sein zweifaches Ja, geht sie dahin und die Angst wurd' ihm zum Begleiter.

Das war im August. Im schönen Monat November dann, man kennt die Melodie, die Geschichte aber ist eine andere, im schönen Monat November dann also verliebte er sich in die acht Jahre jüngere Caroline, die seine Verliebtheit genoss, ohne selbst es zu sein,

was ihm, dem glühend liebenden Jüngling, dem jungen Liebenden, dem im siebten Himmel Sterblichen, nicht in den Sinn kam.
Vor Silvester lagen sie
im selben Bett
ihrer besten Freundin
nach einem Fest zur Übernachtung
nebeneinander. Lagen sie und
hoch zu Liebe schlug sein Herz, es schlugen zwei Herzen nicht, es ist schwer zu messen, warum im Nachhinein, und schwer zu ermessen war damals das Ob, und damals, da dachte er: *Wenn sie jetzt will, dass ich mit ihr schlafe, und es geschieht mir wieder dasselbe wie mit Stefania?*
Er konnte sich nicht rühren.

Für Januar war schon wieder ein Treffen mit ihr in Aussicht. Nein, nicht noch einmal nicht können, wenn es darauf ankommt!

Am frühen Sonntagabend des 7. Januar 1990 bat Georg Hieronymus um einen Schnaps gegen Mundgeruch, er bestieg den Zug nach Konstanz, er entstieg dem Zug, er sah sich um, stieg in ein Taxi, ließ sich nach Klein-Paris fahren, so kleinmütig obszön der offizielle Name für ein Haus in Konstanz, das ein Bordell war, wie es zu finden in Paris selbst am Boulevard Clichy nicht aufginge in namenloser Wirklichkeit.
Er schämte sich seines Ziels und des im Namen verborgenen Grundes seiner Reise, schämte sich so sehr, dass er dem Chauffeur, obgleich der nichts wissen wollte, gleich den Grund nannte seines Besuchs im Bordell; auch erzählte er ihm, dass er noch nie so richtig mit einer Frau geschlafen, so schnell geht der Verrat Hand in Hand mit seiner Mutter, der Angst, und auch, dass er Impotenz-Angst habe und es jetzt ausprobieren wolle bei einer Prostituierten und dafür zu zahlen bereit sei, zu scheitern und zu lernen.

Der Taxifahrer aber antwortete, er müsse sich nicht schämen, viele fahre er ins Bordell, auch viele angesehene Persönlichkeiten, Tag für Tag und Nacht für Nacht, und es sei überhaupt nichts dabei, sagte es, nahm das Geld, sagte Danke und nahm einen Gast auf, der das Haus verließ, in das Georg, der gefallene Engel, jetzt ging, um endgültig Mann zu werden und sterblich.

Zuerst kam er in einen leeren Vorraum. Runde Tischchen und Stühle, in einer Ecke hoch aufgehängt ein greller Porno, bewegtes Bild, bewegend. Er sah sich um und sah in eine halbdunkle Bar, links an der Wand saßen Frauen allein und sahen ihm zu, wie er langsam den Raum betrat, seiner Zukunft als Mann entgegen.
Außer dem virulenten Barkeeper war er der einzige Mann, offenbar war noch nicht Hochbetrieb, offenbar hatte er keine Ahnung.
Er schritt die Reihe der Frauen ab, er schritt sie wieder zurück, sehr langsam ging er an ihnen vorbei, auszusuchen, welche ihm wohl am besten gefiele; es war eine Blonde mit halblangem, geradem Haar und schmalem Gesicht, die ihm sensibel und etwas traurig schien und die überhaupt nicht so stumpfsinnig dreinsah wie die übrigen Frauen dieser traurigen Reihe. Er konnte also offenkundig auswählen, trat nahe zu ihr heran, schaute, wusste aber nicht wie, anzusprechen wagte er nicht die Frau, war sie doch das Unbekannte schlechthin in seinem Inneren, dem er auszuweichen im Begriffe war, was sie wohl merkte und ihn also fragte, ob er sie einladen wolle zu einem Drink an der Bar, sie heiße Marion.
Sie plauderten. Das konnte er gut, reden, und sagen, und er erzählte also ihr alle Erlebnisse des vergangenen halben Jahres und dass er zu ihr komme, weil er Angst habe, dass er es nicht könne, und auch in allererster Linie, um es zu lernen und vielleicht, um die Angst zu verlernen. Sie schien erheitert. *Das machen wir schon, es kostet hundert Mark, das wird schon werden, ich werde dir zuerst ein wenig eins blasen, magst du das?*

Er folgte ihr wie ein Hündchen. Sitz! Platz! Chappi!, braver Junge, er würde gehorchen, sein Schritt tat es bereits. Ins Zimmer, ins Bett, auf deinen Platz! Los!

Zugleich fühlte er angenehme Neugierde auf das, was kommen würde.
Dass sie sich jetzt beide voreinander ausziehen würden.
Sie gingen vor das Haus und dann durch ein Gatter, ein Gitter, einen Hinterhof, ein Haus mit längerem Gang, viele Türen.
Dann musste er zuerst zahlen.
Er gab ihr zweihundert und sagte, er müsse noch auf Toilette. Sie befahl, unbedingt! Dann gab sie ihm noch andere Tipps, er solle nie zu viel Alkohol trinken, das mache impotent, und er solle sich nicht stressen, das mache ebenfalls impotent. Und jetzt solle er sich bitte ausziehen, solange er angezogen hier herumstehe, werde nicht viel geschehen.

Lege dich auf den Rücken und entspanne dich. Fast unmerklich setzte sie das Kondom an, rollte es ab, beugte sich über ihn, lutschte den Jüngling und begann auch augenblicklich zu stöhnen, rhythmisch getaktet, es schien ihr zu schmecken, so ah und oh und uh war der Ausruf der Zunge auf das Erlebte, und obgleich er wusste, dass es nur Theater sein konnte, tat es doch die erwünschte Wirkung.
Sie fragte, ob er oben oder unten liegen wolle.
Er wählte, und wie er auf ihr lag, fand er es schön.
Ohne den Kopf zu verlieren und sein Herz in Händen, die sie umfassten, umfing er sie so mit ganzem Leib fühlend, dass sie bald einmal sagte, er bringe sie ins Schwitzen und es sei normalerweise nicht üblich, mit der ganzen Haut auf einer zu liegen, die man bezahle, er sei der Erste heute und es kämen noch einige und sie könne doch nicht so schwitzen, das sei viel zu anstrengend, aber sie sagte es zärtlich.

Er versprach ihr nochmals hundert, wenn er dieses erste Mal ganz und gar umschlungen beenden dürfe, und sie war zufrieden.
Es war doch schön, oder, und es ist doch gut gegangen, oder? Und: ob er denn wiederkäme. Er war verliebt in Marion und anderntags stürmte er nachmittags aus einem Celan-Seminar an der Uni Zürich zum Bahnhof und dachte an Marion und da fuhr er erneut nach Konstanz hinüber und da war sie nicht da, denn sie hatte so eine Lust gehabt an diesem neuen Tage ihn zu sehen, den innig geliebten Liebhaber Dschonny, der da war ihr Süßer, und nie war zu schwitzen ihr lieber als mit ihm.

Isabelle aber war da, und die war erst achtzehn, Marion aber war vierunddreißig gewesen, Isabelle gab sich hin und alles war für sie einfach locker, das Leben locker und der Sex echt locker, gefühlsecht sozusagen, und die Titten sind fest, meinetwegen, dachte er, und er vermisste Marion.

Am Mittwoch, dem 10. ging er ein drittes Mal, ging wie schon am Montag auch vom Bahnhof aus zu Fuß auf sein Ziel hin, rief ängstlich verstimmt zuvor noch an, ob Marion auch wirklich da wäre, ja, ja, sie ist da, und da ging er schnelleren Schrittes und musste beim laufenden Porno warten auf sie, ganz bewegt jetzt innerlich, unabhängig vom Porno, denn auf ihr lag noch ein anderer, ob er nicht Isabelle oder was anderes wolle, sagte der Barkeeper und griff sich an die Hose.

Diesmal zeigte er ihr auch sein poetisches Notizheft und las ihr vor, dass sie, Hure, eine hochheilige himmlische Heilerin ihm geworden. Das mit den vielen Hs sei ja schön, aber sie sei keine Hure, sondern eine Prostituierte, was ein Beruf sei wie jeder andere auch, Hure aber sei abschätzig, mache einen Dreck aus ihr, der auf Erden den Himmel ganz sicher nicht verspräche.

Wie sie denn auf ihren Beruf gekommen sei, fragte er. Mit zwanzig, als Serviertochter, hätte sie sich plötzlich vor zwei Lebensmöglichkeiten gestellt gesehen: Entweder werde sie jetzt Alkoholikerin oder aber Prostituierte.
Warum es denn da nur noch die zwei Möglichkeiten gegeben habe, das fragte er sich, fragte aber doch nicht nach, und sie stieß Rauch aus ihrem Mund und blickte in seine Augen.

Und sie rauchte so starke Zigaretten, dass er glaubte, ihm verbrenne es den Hals, und nach zwei Zügen ihr die Zigarette zurückgab. Auch darüber lachte sie, wie sie überhaupt fast ständig lachte, und sie meinte, dass er eine große Schrift habe, weil er ein großzügiger Mensch sei. Die Unterhaltung stockte nicht zwischen den beiden, und ihrer Beine vier waren bald ineinander erneut und innig verschlungen.

Im Bett wurde es heftiger als am Sonntag, und schreiend spornte sie ihn, noch immer wilder zu werden, an: *Ja, mach's mir, zeig's mir, feste, gib's mir, gib's mir!* Die Liebe hat viele Worte und Variationen davon auch, möge sie sich doch nur zeigen, wie sie kann, dachte er dann und dachte noch: Marion!

Und Marion brachte ihn noch ans Gitter, sie winkte ihm zu, und da winkte er ihr zurück und schämte sich des Evangeliums gar nicht, und seinetwegen hätten ihn alle Autofahrer begaffen mögen. *Das ist meine Marion und sie ist eine Hohe des Himmels, jawohl!*

Er ging und sah sie nie wieder.

7.1.1991
Georg sagte über Gottfried Benn, irgendwie sei der versnobt. Damit traf er tatsächlich eine Wesensart von Benns Lyrik, aber nicht das Wesentliche. Wir versuchten dann Benn gegen Hölderlin,

Trakl, Celan (Georgs Favoriten) abzuheben. Georg nannte die Lyrik dieser von ihm Bevorzugten schicksalhaft, unausweichlich, zwingend. Mir ist nun heute früh klar geworden, dass Benns Lyrik wesentlich analytisch ist, zynisch, destruktiv, desillusionierend, und genau damit befreiend. Celan, Trakl, Hölderlin hingegen scheinen auf eine pythisch zwanghafte Weise prophetisch zu sein, in urreligiöser Weise als Prognostiker gezeichnet.

Am 10.1.1991 begegnete Georg Andrea. Sie saß im Zug von St. Gallen nach Romanshorn ihm im Abteil gegenüber, allein, sie fiel ihm auf, er folgte ihr heimlich hin zum Romanshorner Hafen und dann zum See, wo sie sich auf einen Stein setzte und las.
Da trat er vor sie, tat den Mund auf und sprach. Zwei Stunden diskutierten und stritten sie bestgelaunt über die Möglichkeiten des Wortes, welche sie weit hinter Gefühle und Gebärden zurückstellte, und seine Versicherungen, dass sie zu so etwas wie Gefühl und Gebärde gar kein Verhältnis hätte ohne die Worte *Gefühl* und *Gebärde* und dass sie nur mit Worten sagen könne, dass ihr Worte nichts sagen, und ihr ohne Worte auch Gefühle und Gebärden nichts sagen würden, verhalfen ihnen zum Verhältnis zueinander, nicht aber zu einem Einverständnis der wörtlichen und wortlosen Verhältnisse.

Mit Andrea war dann überhaupt alles anders als jemals.

Die ersten zwölf Male mit ihr schlafen zählte er noch, machte noch Notizen, dann überstieg die Häufigkeit den Wahnwitz der Statistik.

Und sie wusste ihre Macht über ihn. Lachte ihn aus und sagte, es genüge ja allein schon ihre Gegenwart, dass er angemacht sei, und wie das denn möglich sei, dass er jederzeit mit ihr schlafen wolle, und was er denn alles noch nachzuholen habe, das sei ja unglaublich. Und die Sirenenschöne war seine erotische Göttin, präzisierte vorher, nachher, währenddessen, was sie und wie sie dies wolle, was ihr gefiel und was er zu lassen habe, wo er noch unbeholfen sei und worin er sich mehr Zeit lassen solle, wann sie etwas heftig wolle und wann zärtlich, und auch, dass er sich ruhig noch etwas einfallen lassen könne, was sie überraschen solle, sie möge auch noch mehr erfahren als das schon ihr Vertraute, und also er sei so ungewöhnlich in seiner Art, dass sie da was vermute, nur Mut also, lustig werde es auf jeden Fall.

Er wollte sie immer abgöttischer bedienen und sie duschte ihm zuliebe tagelang nicht, damit er sie stärker riechen konnte. Den Satz: *Ich bin überfällig ungeduscht* konnte sie auch schon lächelnd einsetzen und er zitterte vor Erregung. Die orale Befriedigung wurde mehr und mehr religiöses Ritual. Er kniete auch zwischen ihren Füßen und neigte den Kopf zu ihrem Geschlecht wie zum moslemischen Gebet. Gott eine meermündige Frau, ein Ursprung der Welt, eine Erlösung, eine Hymne auf das Glück des Menschen auf Erden, hienieden zu sein schon Himmelswesen und Engel!

Dann kam die Zeit, wo er sie und sie ihn liebte und dennoch ihrer Augen beide abwanderten nach rechts und nach links, und Martin war sehr häufig mit dabei und ward doch sein bester Freund und so gebar sich im Glück der dreien ein Schmerz, der das Leben nicht mehr wollte und sie suizidal zurückließ in ihrem jeweiligen Fühlen und Denken und frei werden ließ nicht füreinander.

Die Erwartungslosigkeit überfordert und macht uns zu sehr aneinander leiden.
Nein, gerade dass wir uns das Leiden nicht zumuten, macht uns so elend leiden. Voneinander Schmerz geschenkt bekommen statt Lauheit!
Füreinander von Traurigkeit erfüllt werden statt von Leere.
Sich schonungslos verlassen, weil es die Verlassenheit nicht verdeckt!

O offene Wunden, dreimal offene Wunden, Wegstrecken des Schicksals!

1.9.1992
Anhaltend beschäftigt mich die Krise, in der Georg dahinvegetiert, ihre Konsequenzen. Trennung von Andrea, Verlust des Freundes Martin (warum habe ich den nie zuvor hier gesehen?), Auflösung ihrer gemeinsamen Wohnung.
Einquartierung bei mir in Kastauden.
Georg bezeichnet sich als gebrochen.

31.10.1992
Der erste Monat mit Georg. Er immer noch in kritischer, psychotischer Verfassung (hört sich wie ein manischer Wiedergänger *Die Toteninsel* von Rachmaninov an), bewältigt den Beziehungskonflikt anscheinend in Briefen. Von Martin kein Wort mehr. Schade.

11.11.1992
Irgendwie bedeutet mir die Anwesenheit von Georg jetzt die Besiegelung meines Scheiterns.
Was kann Georg für meine Erfolglosigkeit? Ist sie nicht auch sein Kreuz?
Ich möchte Kastauden und Georg und die Welt hinter mir lassen wie der Hund seinen Dreck. Und diese Gier, Martin sehen zu wollen. Den männlichen Punkt im Dreieck.

1.2.1993
Es schwante mir schon: statt Ordnung ein Saustall: Ist das sein Hinweis auf unsere eigentliche Seinsqualität: ein Saustall?!! Will er mich für meine Erfolglosigkeit strafen, weil sie die seine geworden ist? Zerbricht mir jetzt mein Leben noch unter der Hand als Konstrukt? Abwarten.

Man muss allerdings im Verhältnis zu Georg wissen, dass er es sich gewissermaßen zur Moral gemacht hat, keine Moral zu haben. Folglich trägt er mit expressionistischer Leidenschaft seine noch so banalen Stimmungen rücksichtslos aus.

Die Art und Weise, wie er Kleider und Wäsche im ganzen oberen Logis herumliegen lässt, erinnert an ein Wohnheim für Fixer, der Wichser!

Ich bin immer noch so aufgebracht, dass ich die größte Lust hätte, einen Camioneur holen zu lassen und seinen ganzen Kram in ein Depot abführen zu lassen. Abstoßungsreaktionen elementarster Art! Abstoßung, Abstoooßung, Abstooooßung, aaaaahhhhhhhhh! – Ich klinge schon selbst wie seine Hure. Egal!

Ich habe natürlich in gewissem Sinn die Unbefriedigtheit meiner eigenen Existenz auf ihn projiziert, denn das bringt ja seine psychotische Anwesenheit in Kastauden doch wohl zum Ausdruck: mein eigenes Versagen. Bloß jetzt nicht das ungestopfte Maul zu weit aufreißen. Im Grunde will ich seine Problematik, die auch die meine ist, überhaupt loswerden: nichts mehr zu tun haben mit dem erfolglosen Lyriker, dem mittellosen Ausflipper, dem religiösen Neurotiker. Dem Sexualverdreher.

Aber das alles will uns nur entschlossen vor den Tod bringen.

Ja, und uns von allen Befangenheiten des Lebens lösen, uns beugen in die Schuld der Nichtigkeit all unserer Verärgerungen.

4.2.1993

Von einem Traum nur noch Stichworte in Erinnerung: meine Mutter, Georg, Zug, Gold.

4.2.1993, abends

Es bedeutet die mütterlich geile homosexuelle Affinität meinerseits und bei Georg der Wunsch, im Verhältnis zu mir pueril bleiben zu können. Entscheidend ist der Zug: fort aus der Verwicklung heraus. Die Beziehung zu Georg wertvoll wie Gold, von dauerndem Wert.

Mein Gott, wird er mir verzeihen?

4.2.1993, nachts
15 h Georg zurückgekommen. – Ich musste, als ich sein Velo vor dem Haus sah, zuerst drei Salviton schlucken, um eine allfällige Nervosität im Voraus zu dämpfen, dann tobte ich mich eine Viertelstunde mit wildem Schimpanserieren aus (abstraktes Krakeln mit Bleistift auf Dutzende A4-Blätter). Schließlich fühlte ich mich gefasst, ihn zu begrüßen. Es bestätigte sich schnell, dass der Konflikt hausgemacht war. Die Lösung heißt: die Beziehung vollends aus der neurotischen Komplexität herausnehmen. Auch hier wütet die Einbildung ins Lebensinnere hinein.

23 h Wir haben uns selten so adäquat unterhalten über Dostojewskis psychologische und philosophische Nähe zu Kirkegaard und Nietzsche. Ich gehe jetzt schlafen, hoffentlich traumlos.

Wer kommt dem göttlichen Gedanken näher als Dostojewski? Bei ihm verschmilzt die Kreuzigung mit Dionysos, das Grausame mit dem Wunderbaren, die Dämonen mit den Engeln, das Verbrechen mit dem Heiligen und das Leben mit Gott.

5.2.1993
Georg liest aus Dostojewskis *Dämonen* vor.
Wenn ich denke, wie leicht ich mir diesen Genuss hätte verscherzen können. Aber auch wenn sich nun die paranoide Verwicklung gelöst hat und ein neuer, hocherfreulicher modus vivendi zwischen uns im Begriffe ist, sich einzuspielen, so ist doch der Sinn der Freundschaft gewandelt.

6.2.1993

Überhaupt gilt es nach der Krise, das Wertvolle zu vergegenwärtigen: zunächst die Herausforderung, *Sein und Zeit* neu zu studieren, dann den ganzen Platon sowie die dichterischen Fundamente der griechischen Antike: Homer, Hesiod, Sophokles und Kerényis *Mythologie der Griechen*. Die ganze Bibel, den gesamten Shakespeare, Dante, Kafka.

Schon bald gingen die Anregungen mehr von ihm aus, Hegel wäre zu nennen und Kirkegaard, aber noch mehr die poetischen: Hölderlin wurde wieder aktuell, Trakl und Celan lernte ich überhaupt erst durch ihn kennen. Und was hatte ich von Dostojewski gekannt außer den *Brüdern*?

Aber das Einzigartige wurde die Begegnung mit dem Lyriker, zu dem sich Georg entwickelte, keineswegs zu meiner Freude übrigens, eher im Gegenteil. Die Art und Weise, wie er die Paradoxität in Worten bis zur äußersten Verspieltheit ausspielt, nicht selten gerade dort, wo er selbst von der Widersprüchlichkeit betroffen ist, das war und bleibt für mich einfach ein Gräuel.

Aber Gräuel hat den poetischen Sinn der Befreiung.

Warum sind sie mir ein Gräuel? Weil sie weder logisch noch paralogisch sind, weder rational noch irrational, weder realistisch noch irrealistisch, sondern auf den ersten Blick nichts als eine verrückte Verbverklingelung.

Aber das täuscht. Seine Strophen sind so streng gestaltet, wie eine Poesie nur sein kann.

Der Gräuel kommt aus meiner persönlichen Verfallenheit an den gewohnten Sprachgebrauch, mir mangelt Hörenwollen im Neuen, Sehenkönnen im Unbekannten.

Ahnung: Es handelt sich mehr ums Fleisch, als ich es je zu verdrängen gewagt.

Aber dennoch: Der positive Sinn des Ärgernisses ist die Befreiung aus der Konvention.

9.3.1993

Als ich *Die Freuden der Schwulen* bei Orell-Füssli vom Regal zog, hielt ich es für nichts als Pornographie, und als solche kaufte ich es auch. Aber es erwies sich als viel mehr, nämlich eine ehrliche Konfrontation des Homosexuellen mit seiner Geilheit, eine Aufklärung der Praktiken, die mir gefehlt hatte, mir, dem heute fast Achtzigjährigen. Je mehr die Lectures über Homosexualität Form annehmen, desto deutlicher wird mir, dass nicht die Homosexualität für mein Schicksal essenziell war, sondern die latente Schizophrenie.

Hätte ich mein Leben von der Homosexualität her verstanden, hätte ich den Gaul buchstäblich am Schwanz aufgezäumt, wären andere Formen von Abspaltung zum Tragen gekommen und hätten mehr über mich in ihrer Verborgenheit verraten als diese nicht zugestandene Sexualität.

Insofern es Verklemmung gewesen sein mag, die mich gehindert hat, manifest homosexuell zu werden, zögere ich jetzt nicht, mein Leben als vergeudet zu begreifen. Warum bin ich dennoch froh?

SECHSTES KAPITEL

13.9.1993
Georg ist gestern Abend aus Verona zurückgekommen. Hat mir sogleich ein Heft voller Aufzeichnungen vorgelesen, die mit fast klinischer Obsession in der Formulierung das eine Thema umkreisen: schuldig, mit Gott nichts zu tun zu haben, mit dem man nichts zu tun haben kann.
Wenn er den Stoff auf die Hälfte konzentrieren könnte, müsste er damit Eindruck machen. Ich würde es den Veroneser Erguss nennen. Er lebte in Verona ganz vom Schreiben, meist im Café gegenüber der Arena saß er die Tage über und Nächte und schrieb.

Hat denn mein Tun jemals mit Gott zu tun gehabt? Nicht die Existenz Gottes ist die Frage oder der Schmerz, sondern dass meine Existenz mit Gott nichts zu tun hat und also schuldig ist, mit Gott nichts zu tun zu haben. Jawohl! Ich bin schuldig, mit Gott nichts zu tun zu haben, obschon ich mit Gott nichts zu tun haben kann.
Da der Nichtexistenz zu begegnen unmöglich ist, ist jede Existenz schuldig, weil sie das Unmögliche nicht schafft. Die Schuld ist natürlich eine Schuld, von der natürlicherweise gar nichts gewusst wird; und es ist wahnsinnig zu behaupten, dass es eine Schuld ist, mit Gott nichts zu tun zu haben. Und ob meine Worte widersinnig sind oder wahnsinnig oder vermessen, und möge nur die größte Verlorenheit in ihnen gewonnen sein, was spielt es denn für eine Rolle, dass ich mit Gott zu tun haben will und also auch sehen will in allen Abwegen des irdisch fleischlichen Worterlebens?
Es kann ja denen, die mit Gott nichts zu tun haben wollen, gleichgültig sein, ob ich Gott sein möchte oder nicht. Und wenn ich jetzt Nietzsche lese, so sehe ich darin nur einen Willen: Gott Gott Gott!

Es geht darum, dass das denkende und glaubende Verhältnis zu Gott diese Schuld nicht auflöst! Und ich bin so lange schuldig, mit

Gott nichts zu tun zu haben, bis ich von Angesicht zu Angesicht Gott sehe, eine Dornbuschbegegnung, eine Abrahamsanrufung, ein Jakobskampf.
Und somit weiß ich auch, was das Erkennen erkennen und sein will: Gott.

Ich habe Gottlust, ich will Gott, ich will dich, ich will!

Und also je lächerlicher und absurder und wahnsinniger das ist, spielt überhaupt keine Rolle darin, dass ich mit Gott nichts zu tun habe und es nur um den Willen und um die Lust geht, mit Gott zu tun zu haben, obgleich der Wille hier erst recht lächerlich ist.
Und ob wir mit Gott zu tun haben oder nicht, haben wir eh den Zwang zu Gott und der Trieb des Erkennens ist ein Gottessex.

Mein Gott, wie kann ich denn mit dir etwas zu tun haben?! Mit solchem Satz komme ich mir vor wie Augustinus in den *Konfessionen*. Aber auch wenn Augustin da so spricht, als ob er mit Gott spricht, ist es das Zwiegespräch seiner gottgeilen Seele mit sich selbst, und zwar so, als ob sie mit Gott spricht. Und obzwar der liebe Augustin in den zu Gott geschriebenen Gesprächen mit Gott nichts zu tun hat, so bildet sich dessen zwiesprachiger Geist Gott als dessen maßloses Maß in sich ein.

Das ändert natürlich wiederum nichts am Abgrund, dass ich mit Gott nichts zu tun habe.

Wer Gott sieht, stirbt. Wenn es eine Schuld ist, Gott nicht zu sehen, ist Sterben zugleich die Tilgung der Schuld.

Aber seit wir die Sprache haben und es das Wort *Gott* gibt, sind wir den Gedanken und das Gedächtnis schuldig über den Tod hinaus.

Das worthabende Tier hat kein Recht, die gegebene Tatsache der Existenz einfach als gegebene Tatsache zu nehmen, und der Gedanke weiß, dass die Sprache auffordert, über Gott wissen zu müssen, den niemand weiß.

Wem begegnet Gott, wenn Gott die Begegnung selbst ist, also die Begegnung mit allem und allen, also alles in allem? Offenbar Abraham oder Mose oder Christus oder Mohammed, die Gott sahen von Angesicht zu Angesicht und hörten im Gespräch und atmeten dabei im Glauben, welcher der Sauerstoff der Liebe ist, weil Hoffnung wie Geist nicht ist.

Und da die Einbildung an Gott teilhat, weiß unser Verhältnis zum Universum Gott als Gedanken. Darin liegt das Gewissen des Gedankens, dass Unwissenheit Schuld ist. Das Gewissen hat die Schuldgewissheit und also die Gottgewissheit, die unserer Selbstgewissheit und unserer Gewissheit gegenüber den Dingen fehlt. Und wem es mangelt an Gewissen, der weiß nicht nur nicht, was ihm fehlt, der ist gedankenlos gegenüber den Dingen dieser Welt ohne Gott.
Und wer ob der absurden Gräuel die Abgründigkeit Gottes plötzlich auf den Tisch der hungers Sterbenden tischt, der schreit erst recht nach der Verantwortung, die erst recht zur Gottinstanz wird. Und je grässlicher wir die Welt und den Menschen erfahren, desto drängender und dringender wird der Anspruch des fehlenden Gottes, dessen Lücke mit Wunderbarem zu füllen. Oder die Grässlichkeiten widerlegen nicht Gott, sondern rufen erst recht zur sich nicht rächenden Liebe auf.

Darum ist es auch ein Fehl, das alte Lied, das da besingt den Humanismus mit dem ewig missverstandenen Rattenfängerwortgewäsche: Die Gedanken sind frei. Sind sie nicht. Gerade das Freiste, die

Gedanken, sind nicht frei, denn sie haben einen ständigen Zeugen: dich!
Als dein Zeuge bist du gezwungen zu sehen, dass das Denken immer Herr und Knecht des jeweils herrschenden Gedankens ist. Als dein Zeuge bist du gezwungen zu sehen, dass sich das Denken vom herrschenden Gedanken her versteht und auf den herrschenden Gedanken hin ausgerichtet ist. Und auch du rechtfertigst und verurteilst all dein Verhalten aus deinem Denken. Und auch du suchst den herrlichen Gedanken und willst mit und durch seine Anwendung deine Welt erleben und verstehen, verändern und verbessern, richten und befreien, beherrschen und anbeten, besiegen und verewigen.
Gott ist hier nur dein eigener Gedanke, dein bestimmender und erkennender Gedanke, grundlos und leer. Aber aus diesem grundlosen Gedanken entspringt ein Born der Lust über alles hinaus.
Diese Lust will Ewigkeit.
O Reinheit des Gedankens!
Der Gedanke durchströmt alles Sein und alle Lust und alle Liebe.
Der Gedanke füllt das ganze All aus nichts als nichts.
Der nicht seiende Gedanke, in dem alles ist.
In diesem Born ist Gottes Grundlosigkeit meine Grundlosigkeit und meine Grundlosigkeit Gottes Grund.
Sunder warumbe.
Dass Gott der Gedanke ist, dem alles entspringt, zersprengt das Denken in einen Jauchzer! Er ist nur Gedanke, und der Gedanke ist da und bleibt unerschütterlich. Der Gedanke überstrahlt das Universum heller als alle Sonnen aller Galaxien.

Nichts als Gedanke, mächtiger als alles Sein,
alle Welt, alle Zeit,
alle Existenz.

Der Gedanke, dem alles entspringt und dahin alles zurückschlägt. Was für ein allmächtiger Gedanke! Allein der Gedanke. Der Gedanke erübrigt den Gottesbeweis. Der Beweis des Gedankens ist der Gedanke. Der Gedanke ist Gegenwart und durchdringt alle Gegenwart und alle Zeit.
Wem dieser Gedanke einen Augenblick lang einleuchtet, der ist geblendet vom Gottlicht der Ewigkeit.
Welches nichts ist als Gedanke.
Ein wahnsinnig wunderbarer Gedanke, welcher zum unablässigen Danken wird, ein fanatisches Danken, darin alles phantastisch wird. Dieser Gedanke ist unsterblich und durchdringt den Tod wie die Sonne die Dunkelheit. Amen. Halleluja. Amen. Dieser Gedanke liest die Gedanken in der Blackbox namens menschliches Herz, Urgrund von Angst ohne Ausweg.

Genau weil das Universum leer ist und kalt, ist es an uns, es im Gedanken mit Liebe und Wärme und Herzlichkeit zu füllen. Genau weil *das Universum nicht mit unseren Gedanken schwanger geht*, ist es an unseren Gedanken, mit dem Universum schwanger zu gehen und Gott zu zeugen, denn im Gedanken ist zwischen Zeugen und Bezeugen kein Unterschied. Oder weil die Welt nichts mit Gott zu tun hat, von nichts schwanger werden und als Kinder des Gedankens die Welt begeistern.

Dem Gedanken ist alles möglich und er materialisiert sich mit der Zeit der Ewigkeit.
Wenn Gott Gedanke ist, wo bleibt die Tat?
Dem Gedanken folgt die Tat von selbst, sonst ist es nicht gedacht, sondern gedankenlos. Zwar ist der Gedanke allmächtig und die Tat nicht. Doch der Gedanke durchdringt die Welt, bis sich die Herzen erkennen, die sich füreinander verschwenden.

Wie bist du, nicht existenter Gott, im Einzelnen gegenwärtig in der milliardenfachen Menschheit? *Der Vater und ich sind eins.* Es ist die Blackbox in jedem, die alles aufbewahrt. Was jeder erlebt und tut und ist. Es ist meine eigene Blackbox, die alles in mir aufhebt, mein ganzes Leben unablässig immerzu bis zum Ende.
Und wenn der Leib abstürzt und zerschellt am Riff des Todes, bleibt die Blackbox.
Die Blackbox eines Flugzeuges kann nach dem Absturz auch verloren gehen, die Blackbox in mir selbst, die nicht existiert, nicht. O Reinheit des Gedankens! Du bist die eigenste Gegenwart, aufgezeichnet im Nichts der Zeit. Exakt dies: die eigene Gegenwart, die die eigene Gegenwart sieht. Die eigene Gegenwart des eigenen Erlebens, die das eigene Leben restlos verwahrt. Und am Ende lässt sie sich auf ihre Liebe hin anschauen, so unendlich einfach. *Der Vater und ich sind eins.* Du bist das eigene Leben, traumhaft aufgehoben. Und wenn du ermordet worden bist, in der Blackbox ist es aufgezeichnet. Und wenn du ein Mörder und Lügner gewesen bist, in deinem Denken ist es aufgezeichnet, bis dein Gedanke über dich herabstürzt.

Moses Gottkontakt entspringt dem Gedanken, der sich am Sinai zu Blitz und Donner, zu Feuer und Rauchsäule materialisiert.

Die Blackbox, die das Leben festhält, ist ja auch die Tendenz der digitalen Technik, die heute bereits sehr weit umgesetzt hat, was George Orwell als politisch horrible Omnipräsenz entworfen.
Und je scheinbar bedeutender eine Person ist, desto mehr wird jeder Schritt dokumentiert und gefilmt. Dies gibt äußerlich schon die Gottgegenwart der eigenen Gegenwart. Doch es ist eben äußerlich, und was im Verborgenen geschieht, bringt allererst das innere Sehen ins göttliche Licht oder ins höllische Dunkel, das dennoch hell wird. Die äußere politische Kontrolle ist der Horror, die innere

Gegenwart des eigenen Erlebens sowohl das Licht des Paradieses als auch das des Gerichts. Und aller Mensch will Ewigkeit!

Die sexfarbige Nackthaut der Gottesberge. Alle Energien der Pflanzen der Tiere der Flüsse der Meere der Berge der Gestirne zu Gott aufgipfeln. Und du, Mensch, vermeinst, sublimieren zu müssen hin zu einer Kultur: Du Lügenwiese!

Zum Sexuellen können wir keine reale und personale Beziehung haben, und zu Gott haben wir genau diese Beziehung, welche das Nichts in jeder Sache ist. Das sexuelle Gottnichts wird die Sache selbst, die Berge selbst, die Bäume selbst, die Vögel selbst, die Flüsse die Wasser die Steine die Sterne selbst. Wie Gott sollen wir lebendige Steine werden, sagt Petrus, der Fels, im ersten Petrus.

Die Schuld der Menschen ist die Gottverlassenheit, aber die Schuld der Kirchen ist die Entsexualisierung Gottes.

Ich schließe nicht aus, dass auch der Gedanke Sex ist als ewige Lust vor und über und in und bei jeder Fleischwerdung des Fleisches. Ich schließe nicht aus, dass auch Ideen sexuell und das Erkennen ein Gottbeiwohnen und die Keuschheit ein reinster Akt der Verschmelzung. Aber sexlos ist gottlos zur Herrschaft der Gottlosigkeit in der Verbreitung, dass Gott lustlos sei.

Natürlich ist die Sprachlust unsere Gottlust, wenn Gott sprachlos aus allem spricht.

Aber Gott kommt nicht.
Wenn Gott kommt, wird er Mensch
und sterblich.
Du kommst nicht.
Du stirbst nicht.

Dem Atheisten fehlt zu Gott die Gewissheit, die auch dem Atheisten Gott ist.
Glaube wiederum ist Ungewissheit, die sich nur des Glaubens gewiss ist. Glaube ist das Schwächste und wird stärker und gewisser als die Realität, weil der Glaube als nur Glaube gewisser ist als die Dinge. Des Glaubens Traum speist sich aus nichts und verdichtet sich zur Tollheit.

Die Wissenschaft kann Gewissheit fordern und prüfen, ist aber nur in der Realität gewiss, nicht in Gott. Und die Gewissheit in den Dingen, in Physik und Technik und Biologie und Psychologie und Medizin ist unerfüllt, weil nur die Gottgewissheit unser Denken stillt. Descartes hat nichts gewonnen mit der Seinsgewissheit, welcher die Gottgewissheit fehlt. Zugleich stehen alle Wissenschaften unter dem Zwang des Erkennens, welches auf das Sein Gottes und die Allmacht des Gedankens angelegt ist.
Und Gott ist nicht nur in allen Religionen, sondern auch in jeder säkularisierten Gesellschaft der herrschende Gedanke.

Es gibt nur Glaube und Unglaube! Es ist für alle Religionen dieselbe Nichtexistenz. Und nicht nur ist es in allen Religionen dieselbe Inexistenz, jeder Glaubende erkennt in den anderen Religionen auch die eigene als eine Gestalt ein und derselben Hingabe. Wer einen Andersglaubenden bekämpft, dient dem, der von jeher die Spaltung will. Dass aber jede Glaubensgemeinschaft zugleich eine Spaltung ist, liegt im Glauben selbst, der immer zugleich das Allerpersönlichste des Einzelnen und also jeder andere schon ein Andersglaubender ist. Drum spricht die unzählige Vielzahl an Religionen quer durch die Zeiten nicht gegen den einen Gott, sondern ist Manifestation des göttlichen Gedankens, der sich in jedem auf seine eigenste Weise einbildet. Drum ist es nicht möglich, einen Glauben und eine Kirche zu halten, sondern nur, alle anderen Kirchen zu bejahen zugleich. GLAUBENDE ALLER LÄNDER

VEREINIGT EUCH! Und da Glauben Denken ist: DENKENDE ALLER LÄNDER VEREINIGT EUCH!

Entsetzlich ist das Erkennen, dass Gott uns geschaffen hat, um sich daraufhin an unserer Gottlosigkeit zu rächen. Hierin sind wir so recht- und chancenlos wie der Ton gegenüber dem Töpfer. Dass der Gedanke uns die Freiheit, zu glauben oder nicht zu glauben, gibt und sich daraufhin am Nichtglauben rächt, ist der Freiheit ein Gräuel und per se schon ein Grund zum Unglauben wie zur Rache am *Gebot*, glauben zu sollen.
Nur, es ist auf Abrechnung hin unser Bewusstsein unausweichlich angelegt und drum auch der unscheinbarste Alltag ständig auf Rache ausgerichtet auch dort, wo es scheinbar nicht um Gott geht, aber um dessen Attribute:
Gerechtigkeit
Freiheit
Liebe
Macht.

Es gibt nichts Stärkeres und Süßeres als das Stillen der Rache. Stille des Todes.
Die Liebe steht über der Rache und ist darin erst recht Gipfel und Grund aller Rache gegen die Überforderung, der Rache keinen Raum zu gewähren.
Erst recht die sich nicht rächende Liebe wird zum Grund der Rache, sich an nicht rächender Liebe zu rächen.
Auch Kants Gerichtshof der Vernunft ist nicht ein Akt des ewigen Friedens, sondern der ewigen Abrechnung mit der faktischen Unzulänglichkeit des menschlichen Tuns. Nietzsche hat seine höchste Hoffnung darin gesehen, dass der Mensch erlöst werde vom Geist der Rache und damit von Gott. Aber auch Nietzsches Wort selbst ist ein göttlicher Akt der Rache an der Ungöttlichkeit. Und Nietzsche hat seine Göttlichkeit aus seinem Rachenehmen an

Gott gezeugt: *Wenn es Götter gäbe, wie hielte ich's aus, kein Gott zu sein.*
Im Racheakt ist der Mensch wie Gott.
Und der Geist der Rache wird bis ans Ende der Welt das Verhängnis des Geschlechts bleiben, das sich schon eine ganze Menschheitsgeschichte dafür rächt, dass ihm wie Gott zu sein gerecht erscheint und es doch nicht Gott und nicht in irgendeinem je realisierten Paradies ist. Es ist die Wut gegen die niemals dem Wunsch gemäße Wirklichkeit, an der jemand schuld sein muss.
Oder die Unmöglichkeit des Menschen, gerecht zu sein.
Oder der große Verlust, das einsame Wesen Mensch.
Oder die Rache Gottes, dass der Mensch nicht Gott ist.

Aber auch dafür, dass Gott Mensch wird, rächt sich der Mensch. Oder der Töpfer ist Topf geworden, und auch dafür zerschlägt sich der damit zum Töpfer gewordene Topf selbst. Und auch daran zerschlägt sich der Tropf den Kopf.

Auch die kommunistische Revolution schöpfte ihre Kraft weniger aus der Gerechtigkeit für die Besitzlosen als aus der Rache an den Besitzenden mit der zur Rachelust gehörenden nicht steigerbaren Brutalität. Und Marx war in der radikalen Rache an der materiellen Ungerechtigkeit zugleich die zynische Rache gegen den christlichen Gott, von dem er das Paradies des besitzlosen Teilens aber herhat. Fatalerweise war Marx, der den alles mit allen teilenden Kommunismus zum herrschenden Gedanken gemacht hat, als Atheist der kälteste Materialist. Er hat nur die materialistische Gerechtigkeit gewollt und das tausendmal wertvollere Gut der Güte nicht beachtet, gegen die die materielle Gleichheit nur ein falscher Heller ist. Ja, gegen das aus Glauben und Träumen sich speisende Gut der Güte ist die materielle Gleichheit nur eine Perfidie des Vorgaukelns einer Gerechtigkeit, die materiell permanent Zerstörungswut zeugt statt Liebesglut.

Man hat die Religionen angeklagt, dass sie ein Jenseits vorgaukeln und so die Menschen mit der Vertröstung auf das Paradies um das Leben hier betrogen haben und überdies die Ungerechtigkeit und das Elend zu ertragen gefördert haben, statt dagegen zu kämpfen. Aber indem man den Traum des Jenseits verneint, macht man erst recht das Diesseits zur Hölle dafür, dass das Paradies fehlt. Indem man den inexistenten Gott verneint, macht man erst recht das Leben zur immer kälteren Rache dafür, dass Gott und die Gerechtigkeit und die Liebe fehlen. Die Ankläger haben damit nicht nur das Jenseits, sondern auch das Diesseits zerstört. Denn das Traumhafte all unseres Erlebens entsteht aus dem Jenseitshorizont des Todes. Sogar wenn wir sagen: *Kein Himmel kann so schön sein wie dies Leben auf der Erde*, haben wir immer noch den Himmel zum Horizont, und ohne den wird uns auch die Erde zur Hölle, die sie schon immer zugleich auch ist.

Natürlich brauchen wir keinen Gott.

Natürlich brauchen wir keinen Gott, um etwa das natürliche Leben zu haben, das wir naturgemäß nicht haben können. Aber ohne das Gottwollen wird auch der Mensch wie ein allzumenschliches Schema. Fehlt Gott nicht, fehlt der Schmerz ob des fehlenden Gottes. Man kann das Fehlen Gottes als Schmerz im Menschen ruhig das Licht der Welt nennen, genauso wie die Sehnsucht nach Gott das Salz der Erde. Wer nicht daran leidet, dass Gott nicht existiert, wird bald schon niemanden mehr leiden können. Indem die Menschheit Gott erledigt, erledigt sie sich selbst. Aber ledig seiner selbst wie Gottes ist wiederum Gottes.

Der Mensch, der sich aus sich selbst rechtfertigt, um die Verantwortung zu übernehmen, wird zum selbstgerechten arroganten ignoranten versnobten Arschloch, es sei denn, wir hätten je trainierte Buddhisten werden können, was wir aber gottlose Christen schon immer nie waren.

Aber so soll es also kategorisch aus der Verfassung der praktischen Vernunft nun einmal sein.

Du nicht existierender Gott hast uns nun einmal so eingerichtet, dass wir für alles die Verantwortung übernehmen müssen und doch unweigerlich das Richtige zu tun nicht wissen können und Fehler machen und daraufhin umso fataler aneinander schuldig werden.
Aber wehe denen, die meinen, sie können dich dafür anklagen! Und wehe denen, die meinen, sie können dich verneinen, weil du Unglück und Krankheit und Leiden und Verbrechen und Tod zulässt auf der, o Mensch, schönsten aller Welten!
Ohne Leiden hat noch nie ein Mensch Liebe gefühlt.

Und alles Leid soll uns zur Liebe bringen, die sich aus der Vergeblichkeit ergibt und zum Märchen des Wunderbaren wird. Du hast uns nun einmal so geschaffen, dass jedes Dich-schuldig-Machen am Gang des Lebens und der Geschichte auf uns selbst fällt. Oder du hast uns so eingerichtet, dass du uns den Gotthorizont gibst und wir darob umso gewisser schuldig werden des uns darin Versteigens und Verfehlens, was nur die Liebe frei sieht, welche keinem vollkommen gegeben ist. Diejenigen, die von der Mitschuld und Unvollkommenheit Gottes sprechen um der Ebenbürtigkeit des Menschen willen, machen sich zu Zynikern oder zu Sadisten voller Hinterlist und Niedertracht und Ausbeutung und Mordlust, wie sie als Satan uns Menschen von Urzeiten an zugeschrieben werden. Und das ist schon immer der Gang der Geschichte. Drum geschieht die Apokalypse aus uns selbst. Auch die Heiligen können die teuflische Freiheit des Menschen nicht davon abhalten, letztlich über Milliarden Leichen zu gehen, um an kein Ziel zu gelangen.

Und wiederum, damit wir aus Wahnsinn um des Wahnsinns willen wahnsinnig werden, drum hast du uns so bescheuert gemacht und so blöd und so absurd und sinnlos und grässlich und ekelhaft und langweilig und lau und mangelhaft und unendlich verabscheuungswürdig, universal unwürdig. So unfähig widerlich, dass du damit auch dich selbst und die Schöpfung so absurd machst, damit du uns völlig unmöglich bist, damit keiner in dein Reich eindringe, über dessen Eingang *Unmöglichkeit* steht. So absurd hast du dich und die Schöpfung gemacht, damit kein Mensch in dein Paradies trete ohne dein heilig Herz, welches uns fehlt, und die demütige Einfalt, welche uns ermangelt, und das absurde Übersein, welches uns nicht eigen ist. Und nicht umsonst sagen die Verwandten Jesu, er sei von Sinnen.

Und wiederum ist Gott ein Märchen, weil nur das Märchen wunderbar ist.
Erst dadurch, dass in der Realität alles verloren ist, wird das Märchen ein Wunder und unendlich wunderbar.
Die Realität ist so grässlich und brutal und entsetzlich, damit Rettung unmöglich ist. Was wäre denn Glaube, wenn Gott nicht unmöglich wäre? Wie könnten uns denn vor Liebe die Augen übergehen, wenn die Realität uns nicht verloren machte? Und so hat Nietzsche auch hier nicht nur wider Willen die große Gottwahrheit ausgesprochen, dass das Märchen von Gut und Böse eben die apodiktischste aller Wahrheiten ist, aber nicht weil sie wahr ist, aber weil jenseits von Gut und Böse das Überglück des Märchens verloren geht. *Gut und Böse sind Vorurteile Gottes, sprach die Schlange und floh eilends aus dem Paradies*. Aber Gut und Böse und Liebe und Hass sind damit das Gesetz des Herzens, welches zur zerspringenden Paradieslust wird.

Ich könnte fliegen, aber zum Glück kann ich es nicht. Ich könnte übers Wasser gehen, aber zum Glück kann ich es nicht. Ich könnte im Nu Milliarden Lichtjahre weit weg sein, aber zum Glück kann ich es nicht. Es nicht können ist das Glück der ohnmächtigsten Traurigkeit des irdischen schwersten Weins.

Wir haben an nichts geglaubt,
und es hat Wort gehalten.
Wir haben an nichts geglaubt,
und es hat sich als unzerstörbarer Fels der Ewigkeit gezeigt.
Auf nichts ist Verlass!
Nichts können wir trauen!
Nichts ist ewig!
Nichts ist vollkommen!
O du Nichts! O du Niemand!

Dass es für Sunderwarumbe im Nichtwissenkönnen dem Philosophen angemessen ist, nicht an Gott zu glauben, aber ans Geheimnis, welches unverneinbar ist, provozierte Georg im nie endenden Gespräch, dass zu einem Geheimnis hinter dem Geheimnis auch gehöre, das Geheimnis zu wissen. Und wenn Sunderwarumbe bejaht, dass die Materie nicht alles ist und der Gedanke das All allererst zum All macht und dass unsere Wachheit ein Traumphänomen ist, darin die kausalen und materialistischen Gesetze aufgehoben sind, dann sei es widersinnig, das Gedankenphänomen zu bejahen, aber Gott nicht. Oder es sei in der Bejahung des geistig Evidenten auch evident, dass die Evidenz des Geistes Gott ist.
Er könne doch nicht den Traum, dem alles und also auch das Unmögliche möglich ist, als die wahrste Gegebenheit bejahen und dann das Unmögliche wiederum verneinen. Er könne doch nicht das Geheimnis bejahen gegen die Zufälligkeit des Alls, aber die Konsequenz des Nichtzufalls nicht. Denn es gebe nur entweder Gott oder nicht Gott. Und wenn das Geheimnis, also auch Gott. Und wenn der Gedanke, also auch Gott. Sunderwarumbe wiederum sagte: Wenn er in den Wahnsinn von Gott spränge, würde er

ein Fall für die Psychiatrie, und wenn er die Welt gleichgültig als Zufall abtäte, würde er ebenfalls ein Fall für die Psychiatrie, weil seine Konstitution ebendrum die schizophrene sei, die als philosophische wiederum die urmenschliche ist, deren Spannung und Doppelheit man eben aushalten müsse. Er glaube aber auch, dass es bei Georg grad umgekehrt sei, dass Georg gerade dann ein Fall für die Psychiatrie würde, wenn er nicht vollends in den Gottwahn spränge. Und insofern seien sie sich beide wiederum nahe, als sie beide die Beschränktheit oder realistische Banalität nicht ertrügen und auch nicht billigten. In Gott als Blitz dann fanden sie sich zuletzt doch ganz, wohl weil Sunderwarumbe nahe am Tode überhaupt nicht mehr sterben wollte. Der Blitz als Totschlag der Zeit und als Einschlag der Ewigkeit. Der Blitz als personifizierte Konzentration aller geistigen Energie. Der Blitz als Überenergie des Wahnsinns. Der Blitz als Zerreißer der Nacht, als Helle in der Schwärze, als unberechenbarer Nu. Der Blitz als allen sichtbar. Der Blitz der Weisheit, welcher der Gegenwart die Augen aussticht. Der Geistesblitz. Der Gedankenblitz. Der Christusblitz. Der Gottblitz des Todes als Augenblitz der Ewigkeit. Der lebendige Todesblitz, der tötende Lebensblitz. Der Blitz als Majestät des Wetters und der Naturphänomene überhaupt.

Aus dem philosophischen Sandkasten des Hieronymus Sunderwarumbe:
Wer ist Gott, wenn es Gott nicht gibt?
Über den ewigen Fragen der Menschheit
kommen und gehen
die Antworten
gleich den Völkern und Geschlechtern, deren Verständnis sie bestimmen.

Könnte so etwas wie ein Regenbogen existieren ohne ein Auge, das ihn aus Sonnenschein + Regenschauer einbildet?

Welcher Art aber ist dann die Bedingung der Möglichkeit dafür, dass in einem wahrnehmenden Wesen wie dem Menschen die Gleichung aufleuchtet: Sonnenschein + Regenschauer = Phänomen des Regenbogens? Die jede Einbildung dieser Art zur Bedingung von Wahrnehmung dessen macht, was wir als real zu bezeichnen den Tag verleben?

Vier Fragen, viermal Weh in des Menschen Sehnsuchtsbrunnen, nach oben geschrieben in die Himmelsrundung Erde: Woher? Wohin? Warum? Wozu?

Zugrunde liegen immer die Fragen. Jedoch sei das Auge gewarnt: Zuerst waren die Antworten! Die Träume und Visionen hatten dem Menschen schon auf Fragen geantwortet, als dieser, noch gar nicht reif genug dazu, ihre Bedeutung kaum ahnen, geschweige stellen hätte können. Der Weg der Wahrheit führt evolutionär von den mythisch gegebenen Antworten zu den zeitlosen Fragen hinunter, die ihnen zugrunde liegen.

Wenn vor der Instanz der ewigen Fragen auch kein Gott mehr bestehen kann: berechtigt uns dies dann zu behaupten, es gebe überhaupt nicht so etwas wie einen Gott, es existiere nirgends so etwas wie eine Allmacht in Person? Im 19. Jahrhundert schockierten Atheisten mit der herausfordernden Behauptung: *Gott ist tot.*

Die Ontonomie sagt bescheidener: Wenn es Gott gibt, ist es nicht Gott.

Was es überhaupt gibt, ist nicht Gott. Den Gott, den es gibt, gibt es nicht. So den Gott im Himmel, den Gott als Erschaffer der Welt, den Gott als Herr über Leben und Tod, kurz: den Gott, den es gibt. Ich glaube an keinen Gott, den es gibt, aber ich kann wissen, nicht wissen zu können, ob es Gott gibt oder ob es so etwas nicht gibt wie Gott.

Wer ist Gott, wenn es Gott nicht gibt?

Eine Weise des Menschen, den letzten Grund seines Daseins zu deuten, verstehen zu wollen, sein Drang, sich zu diesem in Beziehung zu setzen? Die äußerste noch so eben denkbare Ursache, warum überhaupt etwas zu sein vermag und nicht nichts?
Der feste Grund, auf den man hofft, wenn alles versinkt?
Das letzte Du, das noch angerufen werden kann, wenn die Augen schon nichts mehr sehen, die Ohren schon nichts mehr hören, wenn der Schlund schon erstickt ist und die Zunge bereits ihren Dienst versagt?
Wer ist Gott, wenn es Gott nicht gibt? Zeit des Zeitlosen? Gegenwart von Ewigkeit? Personifikation des Numinosen? Konkretheit des Absoluten? Individuation des Alls? Ihrer je und je Vertreter: Christus? Buddha? Jahwe? Mohammed? Brahman? Tao? Du? Ich? Wir?

Über den ewigen Fragen der Menschheit
kommen und gehen
die Antworten
gleich den Völkern und Geschlechtern, deren Verständnis sie bestimmen.

Geheimnis ist der umgreifende Horizont aller Dinge: das Nichts von allem, das doch alles birgt.

Dass Gott die Welt erschaffen hat, ist ein Märchen.
Dass per Zufall entstanden sein möge eine Welt, wer will dies glauben wollen?
Auch wenn die erwachte Existenz allem Wahnsinn und Aberglauben, allem Kinderschreck und Märchenzauber entsagt, bekennt sie sich doch rückhaltlos zum Mysterium der Unerklärlichkeit schlechthin.

Dass überhaupt etwas ist und nicht vielmehr nichts, das ist die Tiefe in der Dimension des Geheimnisses: das Unfassbarste aber ist, dass dieses Sein des Nichts vom Menschen als unfassbar erfasst wird und zugleich als das große Dasein.

Die Natur ist ein Luxus, ein Luxus des Chaos; das Leben ist ein Luxus, ein Luxus der Natur, der Mensch ist ein Luxus, ein Luxus des Lebens. Der Gipfel von allem diesem Luxus aber ist das Erkennen des Erkennens, wenn es durch Natur und Welt und Leben hindurch des nicht verneinbaren Rätsels inne wird.

Philosophie, das ist in ihrem schönsten und besten, in ihrem eigentlichen und wesentlichen Erfahren die reine Lust, die heilige Freude, das hohe Glück, erkennen zu dürfen.

Die Philosophiegeschichte ist der Adelsbrief der Menschen.

Traum: Ich befand mich jenseits der Waldgrenze auf einer hoch gelegenen, sattelförmigen Alp und vor mir stand die steile Felspyramide, auf deren Spitze sich der Ausblick zum vollkommenen Gesichtskreis runden sollte. Ich hatte die Absicht, vor Sonnenaufgang oben zu sein, aber schon hatte es zu tagen begonnen und das schwerste Stück des Aufstiegs hatte ich erst noch vor mir. War ich zu spät aufgebrochen oder hatte ich den Weg unterschätzt? Mit einer letzten Anstrengung hoffte ich mein Ziel doch noch rechtzeitig zu erreichen. Aber schon begannen jetzt die Alpen mit ihren höchsten Erhebungen hervorzukommen aus dem dunklen Schatten der Nacht und aufzutauchen in den glühenden Himmelssaum des Sonnenstrahlenmeers, das unseren Stern umflutet. Es war nicht mehr zu schaffen; ich stand still und überließ mich ganz dem kosmischen Geschehen. Der Horizont war wie geladen von ungeheuerlichster Erwartung. Plötzlich leuchtete der erste Gipfel auf, dann ein zweiter, dann ein dritter, und dann stand mit einem Male das unvergleichliche Panorama in seiner ganzen perspektivischen Unendlichkeit in voller Sonnenklarheit vor mir: Es war im wahrsten Sinne des Wortes ein Augenblick der Ewigkeit. Die erhabenen

Gebirge aber, die ich vor mir sah, waren mir alle noch so gut wie unbekannt; ich wusste nicht einmal ihre Namen. Nur eines der majestätischen Häupter stand mir etwas näher und schien mir ein wenig vertraut, und ich erkannte in ihm die Züge Immanuel Kants.

Der Begriff von Sein ist nicht ein Begriff, den man hat. Er ist vielmehr derjenige Begriff, dank dem wir überhaupt begreifen können. Er ist als Begriff von solcher Art, dass ihn kein Mensch je zu begreifen vermag. Wir sind im Begriff von Sein begriffen, umgriffen, ergriffen. Mit einer Pinzette einen Algenfaden aus dem Wasser holen und unters Mikroskop legen, das kann kein Tier. Aber nicht in der Hand, in den Fingern oder gar im Instrument liegt der Griff dieses Ergreifens, sondern in einer von keiner Anatomie mehr feststellbaren, von keiner Physiologie mehr erklärbaren autonomen Kombinatorik des Großhirnrindenfeldes. Diese Kombinatorik ist das Innerst-Bewirkende alles Begreifenkönnens, deren Möglichkeit unbegreifbar bleibt. Es ist ein ungeheurer Bogen der Unfassbarkeit, der sich im philosophischen Erkennen über uns spannt; vergleichbar dem Himmelszelt, das uns ja auch nicht in greifbarer Tatsächlichkeit gegeben ist, sondern als ein wunderbar unbegreifliches Geschenk der Imagination von wahrhaft phänomenaler Virtualität.

2.11.1993
Georgs tägliche, meist zwei Stunden oder mehr andauernde Vorlesungen bringen mich in Rückstand mit meinen eigenen Angelegenheiten. Aber es ist einzigartig. Was habe ich in diesem Jahr nicht alles schon vorgelesen bekommen. Von Dostojewski die *Dämonen*, von Gotthelf die *Schwarze Spinne*, *Geld und Geist*, *Anne Bäbi Jowäger*, *Käthi die Großmutter*, *Käserei in der Vehfreude*, *Uli der Knecht*, Wolfram von Eschenbachs *Parzival*, von Eckhart alle auf Deutsch geschriebenen Predigten und Traktate, und jetzt sind wir wieder bei Augustin angekommen.

Der Aufruf zur Passion ist Perversion, bis es heilig wird. Gib dich hin in die Peinlichkeit, auf dass sie dir zur Offenbarung wird. Wer sich erniedrigt, wird erhöht werden. Jede Opfernatur ist obszön. Liebe zieht die Sexualität ins heilige Ritual. Nacktheit und Demut sind per se peinlich und heilig.

Genau das Grauenhafte, dass jeder, der glaubt, zur Kreuzigung als Schuldiger gerufen ist, löst mir die grässlichste absurde Absurdität plötzlich wundersam in Balsam gegen die Grauenhaftigkeit. Als wahnsinnige Lust des entsetzlichen Glaubens.

Der Moslem hat recht, wenn er sagt, dass Christus als Sohn Gottes für Menschen verstiegen ist und dass jeder Christ infolge verstiegen ist, will er christlich sein.
Der Moslem hat auch recht, wenn er die Kreuzigung als Gottesmartyrium entsetzlich und barbarisch und inakzeptabel beschreibt.
Der Moslem hat nicht recht, wenn er die Koranstelle, die erzählt, an Christi Stelle sei ein anderer gekreuzigt worden, so auslegt, als wäre an Christi Stelle tatsächlich ein anderer gekreuzigt worden. Denn dass Christus die Kreuzigung selbst erlitten hat, um als Mensch das Leiden des Menschen und die unerträgliche Entsetzlichkeit und die höllische Verlassenheit ertragen zu haben und uns erträglich zu machen, ist so die Bedingung der bedingungslosen Liebe wie das Leiden die Bedingung des Fühlenkönnens.
Und wenn, wie im Koran erzählt, ein anderer an Christi Stelle gekreuzigt worden wäre, so ist das so zu verstehen, dass der innere Christus bei der Kreuzigung seiner selbst nicht dabei ist, sondern abgeschieden bei Gott.

Die Juden vervollkommnen sich in Erwartung des kommenden Messias.
Die Christen vervollkommnen sich im Glauben an den schon gekommenen Messias, dessen Vollkommenheit und Reinheit

für den Christen genauso unerreichbar ist wie für den Juden der Messias noch nicht gekommen.

Und auch wenn das Judentum eine Volksreligion ist, so sind sie auch die Einzelnen vor Gott und mit Abraham die Familie der Herzen in der Fremde, so zahlreich wie die Sterne.

Die Moslems leben über den ganz eigenen Wüstenweg ebenso die Gottergebenheit desselben Vaters Abraham.

Und die Moslems haben herrlich die ursprüngliche Paradiesigkeit der sexuellen Liebe nicht verteufelt, wie es das paulinische Christentum getan hat, welches damit wiederum das Geistige des Sexuellen umso heiliger und im Wein umso verklärter gemacht hat. Und in mancher Vergehenslust verschmilzt der Sex des Weins mit dem Sex des Blutes wie Dionysos mit Christos, wenn die Trunkenheit unendlich Gott trinkt.

Dass Nichtchristen den Gottsohn ablehnen, findet sich im Bild, da Josephs Brüder ihn wegen seiner Auserwähltheitsverstiegenheit als vom wilden Tier zerrissen an die Ägypter verkaufen und damit die Auserwähltheit besiegeln und gleichwohl doch alle Brüder sind eines Vaters.

Und je mehr ein Christ sich des Christseins für würdig hält, desto angemessener ist es, ihn dafür totzuschlagen: Für das Totgeschlagenwerden dankbar zu sein, das ist das Mindeste dessen, was man von einem anständigen Christen verlangen kann. An der Entsetzlichkeit, dass ein Christ für das Getötetwerden dankbar sein soll, zeigt sich die Unlebbarkeit der christlichen Wahrheit. Es sind aber alle Menschenkinder dem alle einholenden Tod schutzlos ausgeliefert. Jede Kirche ist der schutzlose Schutz des Sterbenkönnens, was für ein Wunder, dass ein Mensch sterben wollen kann!

Kirchenhäuser sollten ein Zusammenhalt sein zur inneren Schutzlosigkeit der Herzen, welche unabhängig die Liebenden verbindet. Aber andere Häuser bekämpfen ist vollends den Splitter im Auge des Bruders sehen und den eigenen Balken nicht.

Indem der Gottsohn von sich sagt, er sei der Menschen Sohn und also mit der ganzen Kraft seines glaubenden Herzens lehrt: *Unser Vater* – so lehrt er: Es ist ein jeder Sohn Gottes und Tochter Gottes eine jede. Im Wahnsinn Gott verstehe ich die Verstiegenheit, für die ich sterbe und lebe. Mehr bedarf es nicht.

SIEBTES KAPITEL

1.1.1996
Wenn ich schon verrückt bin, warum sollte ich mich dann nicht auch für ein Genie halten?

Der eindrücklichste und verrückteste Wesenszug Sunderwarumbes war die lückenlose Aufzeichnung seines Lebens. Nicht nur die täglich gemachten philosophischen Gedanken, sondern auch die alltäglichsten Begebenheiten musste er minutiös festhalten. Er schrieb nicht nur Tag für Tag auf, was er des Tages tat, sondern auch, welche Medikamente er schluckte, welche Spritzmittel er für die Pflanzen anwendete, welche Gewürze er fürs Essen benutzte, welche Käse und wie viele Eier er bei welchem Bauern kaufte, wie viel Wasser er trank, welche Sorte Äpfel wann am besten schmeckte, wann er zu welchen Büchern griff. Jeden Tag hielt er fest, welches Wetter herrschte und wie er sich physisch und mental fühlte.
Wie Georg an die Blackbox der Seele glaubte, welche das Leben wie einen Film und die Gedanken wie ein inneres Buch festhält, so glaubte Hieronymus Sunderwarumbe an die Unsterblichkeit aufgrund von unendlicher Verschriftlichung des Sterblichen. Es war explizit der Buchstabe, dem er sich verschrieb.
Nicht die Kamera oder die Gegenstände, allein die abstrakte Schrift hatte für ihn die Kraft, das Leben gänzlich in Metaphysisches zu verwandeln.
Er schrieb jeden Morgen seine Träume auf. So betrugen seine Aufzeichnungen am Ende seines Lebens zwanzigtausend Seiten, und nicht umsonst beanspruchte er allein ein ganzes Haus mit großem Dachboden und tiefem Keller, um bald hundert Ordner in feinster Reihenfolge sauber in Regalen geordnet zu haben. Fast übermenschlich war seine Disziplin, zu schreiben, und ebenso enorm die Fähigkeit zur Ordnung und Katalogisierung

des Niedergeschriebenen. Die erste Stufe war das stenographische Schnellschreiben in die Notizhefte *Steno*, etwa die Hälfte der Gedanken aber schrieb er direkt in die Notizhefte *Handschrift*, und täglich kam dann die Abschrift in die Schreibmaschine und wurde dann überarbeitet und neu geordnet.
So hatte er als Grundlage das integrale Journal des philosophischen Denkers und Chronisten, welches ihm täglich zwei bis fünf eng geschriebene Schreibmaschinenseiten lieferte. Dieses aber verdoppelte er wiederum in einzelne Ordner nach Themen: Philosophie, Literatur, Kunst, Politik, Sexualität, Gesundheit, Georg, Garten, Haushalt, Einkäufe, Wetter.
Dreißig Jahre lang arbeitete er am nie endenden Buch kondensierter Gedanken mit dem Titel: *Philosophischer Sandkasten*. Er sammelte über vierzig Jahre lang lückenlos das Nachrichtenmagazin *ParisMatch* und heftete eine Inhaltsangabe mit Hervorhebungen des Bedeutsamen unter das Titelblatt. Fünfzig Jahre lang sammelte er sogar sämtliche Feuilletons der *NZZ* mit ebenfalls einem Zusatzblatt an Kommentaren zu bemerkenswerten Artikeln. *ParisMatch* und *NZZ* füllten einen eigenen, möglichst trocken gehaltenen Raum im Keller. Auch die mehrere Tausend Bücher umfassende Bibliothek musste er im Laufe der Jahrzehnte in den Dachboden und Keller ausweiten. Er kategorisierte sämtliche Bücher in den Ordner *Bibliothek* nach Themen und heftete an die Rücken eines jeden Buches einen kleinen Kleber wie in einer öffentlichen Bibliothek. Zu jedem gelesenen Buch schrieb er eine Zusammenfassung und einen Kommentar. Die Zusammenfassungen von Platons Werken ergeben allein schon ein dreihundertseitiges Buch. So hatte er jeden Tag die aufwendige Arbeit der unendlichen Buchführung. Er stand, außer bei Krankheit, bis zu seinem neunzigsten Lebensjahr morgens um sechs Uhr auf, schrieb die Träume ins Stenoheft und machte sich erste philosophische Notizen. Abends dann, von etwa elf bis Mitternacht, galt es, das Journal des Tages schreibmaschinenfertig zu Ende zu führen, um bereit zu sein für den nächsten

Tag. Auch nach dem Mittagessen tippte er schon Morgennotizen zum Teil ins Reine. Die Auswahl davon verkürzte die Reinschrift immerhin etwa um die Hälfte. Das ergab schon eine von ihm selbst gewählte Selektion der Wichtigkeit, sodass Georg die in Steno und Handschrift verfassten Seiten nach Sunderwarumbes Tod entsorgte und sich allein mit den zehntausend maschinengetippten und ab 1996 computergedruckten Seiten beschäftigte.

3.1.1996
Ein Traum mit Georg, wie ich noch nie geträumt habe. Er fragte mich ungeniert, ob ich in meinen Träumen mit ihm sexuell verkehre. Statt meine Antwort abzuwarten, bot er sich mir an. Ich ging darauf ein, aber dann zeigte es sich sogleich, dass es weder ihm noch mir darnach stand. Der Traum will noch bedacht sein. Irgendwie bedeutet er eine Wende im Verhältnis, richtiger: diese Wende kommt im Traum zur Evidenz. Im Anfang unserer Freundschaft vor zwölf Jahren verbot ich es mir konsequent, die Beziehung auch in meine sexuellen Phantasien einzulassen, und ich vermied es peinlichst, jemals mit ihm im selben Logis, geschweige Zimmer zu schlafen. Die Freundschaft sollte rein philosophisch sein. Aber natürlich musste ich es mir verbieten! Und ich war mir dessen ja auch immer sehr wohl bewusst. Nun, nach diesem Traum, ist das Verbot nicht mehr nötig, und wenn ich auch in Zukunft vermeide, das Schlafzimmer mit ihm zu teilen, so nur darum, weil das Greissein im Schlaf noch peinlicher evident wird als am Tage.

14.1.1996
Das Ziel der Vermehrung des Lebens heißt Ausbreitung über die ganze Erde, das Ziel der Vervollkommnung: für Gott im Menschen Gott zeugen.

Die Forschung kann uns nur als Programm und Apparat erfahren, eben weil sie als Methode alles auf dessen Programm hin untersucht. Sie untersucht auch das Unstrukturierte auf die Struktur des Strukturlosen hin und das Chaos auf das Gesetz des Chaos hin, weil das an den Erfahrungen Methodisierbare logischerweise ihre Sache ist. Indem sie den Menschen auf sein Programm hin untersucht, passt sich der Mensch auch immer mehr dem erforschten Programm an, welches er durch das Ergebnis der Forschung erst recht wird. Der Mensch wird durch die methodische Untersuchung zum Automaten seines Programms und zur Puppe der statistischen oder wissenschaftlichen Ergebnisse.

Da erkennt die Forschung zum Beispiel, dass jeder Mann unweigerlich am liebsten mit möglichst vielen Frauen Sex haben will, weil das die Überlebenschance seiner Gene vergrößere. Und endlich bejaht jede Frau nun die Seitensprünge des Mannes als biologisch selbstverständlich. Und endlich ist Don Juan für alle der ideale Mann! Aber bald wird die Forschung herausfinden, dass der tötungsbereite Charakter die stärksten und überlebensfähigsten Gene hat, und drum zieht doch der Killer die Frauen am stärksten an. Und drum ist doch der Skrupellose und Massenmörder der beste und potenteste Mann, was er schon immer war. Und so weiter. Der Gedanke indes steht jederzeit gegen die genetische Funktion.

20.1.1996

Schon im Vorschulalter interessierten mich männliche Genitalien mehr als weibliche, was heißt hier mehr, sie interessierten mich ausschließlich. Das musste mir zuerst eine Selbstverständlichkeit gewesen sein, bis ich dann zunehmend Angst verspürend dachte und alles verhehlend verdeckte, weil es wohl nicht üblich sein durfte.

Auch in Sachen Homosexualität ist die Entscheidung jetzt klar und definitiv. Sexappeal hatte für mich immer und hat auch heute noch nur das männliche Geschlecht. Verkehr aber will ich mit keinem. Das ist nun Entschluss, nachdem ich in der Phantasie alle Möglichkeiten durchgespielt habe. Die ausgelebte Sexualität birgt

Abhängigkeiten, zu denen mir der Mut fehlt. Indem ich meine Geilheit rein virtuell ganz mithilfe der Phantasie befriedige, gewinne ich eine Freiheit, deren Gewinn ich nun besser verstehe.

28.1.1996
Die Beschäftigung mit Publikationen homosexuellen Bild- und Textmaterials ließen nicht den geringsten Zweifel, dass meine erotischen Affinitäten schon immer ausschließlich homosexuell gewesen sind. Und wer außer Georg weiß darum? Niemand!
Was man von mir in dieser Hinsicht vermutet, weiß ich nicht.
Und was ergab sich daraus?
Isolation und Verlassenheit!
Aber daraus baute ich mir meine Freiheit!

2.2.1996
In der Szene treffen sich Sportler und Stricher, Päderasten und Tunten, Neugierlinge und Ausgeflippte, Angepasste und Kriminelle. Aber gerade damit ist die Szene eine eminent hervorragende Gesellschaft; denn unter den Strichern und Sportlern findet man Typen von herausragender Schönheit und Vitalität, unter den Päderasten die größten Philosophen und unter den Tunten wahre Heilige. Hinter einem Neugierling kann sich ein Forscher verbergen, hinter einem Ausgeflippten ein engagierter Alternativer, und Kriminelle sind nicht selten einzigartig interessante Charaktere. Genet: der Diamant im Hintern des Gefangenen.

5.2.1996
Das Verrückte im Verhältnis zur Welt und zu meiner Herkunft liegt darin, dass ich hätte sein müssen, was alle denken zu sein in ihrer Sexualität: normal. Das Normale aber bestätigt schon seine Abweichung, die Abweichungen aber bestätigen bereits die Vielfalt und erdrücken in ihrer Masse das Maß der Norm: Zu spät begriffen: Es gibt keine normale Sexualität, es gibt Sexualitäten.

Sunderwarumbe bezeichnete sich ein Leben lang als *auch krank* und mit einem Bein schon in der *Psychiatrie*, der er aber immer entkommen sei durch ein ständiges Überspielen seiner Verrücktheit. Nach außen hin ein liebenswürdiger, aufgeschlossener, natürlicher, sympathischer Mann, man sah ihn die Rüben aus der Erde ziehen und nach Tomaten greifen im Garten, innen aber, im Verhehlten, da empfand dieser große Einsame das angepasste Leben immer als verrückt. Und so verstand er auch des Menschen Konstitution als grundsätzlich schizophrene, gespaltene zwischen einer äußeren Angepasstheit und einer inneren Radikalität, zwischen einer realen Banalität und einer phantastischen Bedeutung.
Des Menschen Einbildung sei eben eine Krankheit.
Aber hier zitierte er immer Laotse: *Nur wer an dieser Krankheit leidet, ist dabei nicht krank.* Und sein Bild dazu: Nur die kranke Auster produziert die Perle. Wer nicht daran leide, dass er leidet, bringe es bestenfalls zu einem vollkommenen Affen oder einem alltäglichen Automaten oder einem kalten Faschisten. Und zugleich war Sunderwarumbes Unfähigkeit, an der Unterhaltungsgesellschaft teilzuhaben und zur politischen Engagiertheit zu gehören und einen täglichen Brotjob zu haben und eine Familie zu gründen, unweigerlich auch eine himmelschreiende Krankheit. Und sich mehr für das Sterbenkönnen zu interessieren als für das Lebenkönnen ist eine völlig verlorene Existenz, eine grunddepressive Verfassung.

So stand auch die Freundschaft der beiden Verwandten in der Spannung zwischen einer einzigartigen Begegnung und einer erbärmlichen Krankengeschichte. Einer Krankengeschichte zweier realitätsferner Spinner.
Oder auch einer Missbrauchsgeschichte des alten Päderasten, der einen Jüngling im zarten Alter von zwanzig Jahren völlig aus der Bahn geworfen und hörig gemacht, wenn auch nicht körperlich sexuell missbraucht, so doch geistig sexuell in Abhängigkeit

gesetzt und zugleich bewusst verhindert hat, dass Georg ein tüchtiger Lehrer werde, der heiraten würde und Kinder zeugen würde und ein üblich Leben lebe.

Und wiederum sahen sie in ihrer geistigen Arbeit mehr als nur eine bürgerliche Verantwortung, vielmehr eine Weltverantwortung, einen politischen Auftrag. Sie sahen auch ihre Begegnung immer neu als ein Wunder von phantastischer Schicksalskoinzidenz. Einzigartig in jeder Hinsicht.

Eine Freundschaft von solch philosophischer Tiefe und täglicher Konzentration auf das Wesentliche, wie sie auf der ganzen Welt gesucht und kaum gefunden wird.

Eine Freundschaft von der göttlichen Freiheit, wie sie in der Nikomachischen Ethik von Aristoteles wunderbar vorgezeichnet wird und auch gemäß Aristoteles nur ganz wenigen vergönnt sei.

Sie sahen ihr Verhältnis auch exakt wie das zwischen Sokrates und Platon. Der alte Sokrates, der den jungen Platon zur Philosophie bringt und dann von Platon wiederum zur literarischen Figur gemacht wird, die mit Sokrates als biographischer Person schon kaum noch etwas zu tun hat. Und wie Platon Sokrates vollends zum Exponenten seiner Ideenphilosophie idealisiert hat, so hat auch Georg aus Sunderwarumbe eine Gestalt gemacht, die es gar nie gab.

Und wie es von Sokrates keine Schriften gibt, so hat auch Georg sämtliche Schriften Sunderwarumbes nach dessen Tod vernichtet, als ob Sunderwarumbe nie existiert hätte und alles nur Georgs Phantasie gewesen wäre.

Sie wussten wiederum beide, wie völlig verstiegen und lächerlich ihre Platon-Sokrates-Träumerei war, und sie lachten auch selber darüber und identifizierten sich noch mehr mit Don Quijote und Sancho Pansa, die sich als phantastische Bedeutung von Ritter und Knappe in den Himmel versetzten und realiter völlig lächerliche Träumer waren. Und sie hatten auch dabei noch die Chuzpe, zu behaupten, Don Quijote und Sancho Pansa seien zwar völlig lächerlich, hätten aber doch mit ihrer Verrücktheit die Realität besiegt und stünden am Ende als unendlich edle Ritter der Herzen da und seien unsterblich und weltberühmt, obschon sie nicht einmal existiert haben.

Sie mussten bei der Teelektüre beide seltsam weinen, als Don Quijote auf dem Sterbebett sagt, er sei nun von seiner Krankheit des Ritterwahns geheilt, und damit so ergreifend gerade seine wunderbare Wahrheit aufgab, die ihn unsterblich überlebte. So pendelten Sunderwarumbe und Georg zwanzig Jahre lang zwischen dem freiwilligen Gang ins Irrenhaus und dem Glück, der Welt ein Himmelslicht zu setzen.

10.2.1996
Georgs Aufbruch zum Stipendienaufenthalt Schloss Wiepersdorf bei Berlin. Nach dem Zmittag am Mac versucht, mit Georg über Disketten zu korrespondieren. *Hallo Georg! Sein zum Gruß!* ... Und wie unterzeichnen? Hierohnemuss? – – – Total daneben, in jeder Beziehung, virtuell und realistisch! Was für eine Verlegenheit würde ich damit provozieren – auf beiden Seiten. Darum Befehl an den Mac: Abbrechen.

Die Jugend möge zu den Alten kommen wollen, sonst werden diese ihr lästig.

Danach ein Ansatz zu persönlichen Äußerungen, nach der Anrede *Lieber Georg ...*
Nein, damit warte ich noch. Das Alter geht nicht aus dem Gehäuse, die Jugend kommt zu ihm, wenn es nur für sie offen ist – ganz im Sinne von Laotse: *Wer das große Urbild festhält, zu dem kommt alle Welt.* Und was ich betreffend *Mann ohne Eigenschaften* und an sonstigen *Lichtenbergern* zum Besten geben wollte, wäre unbedingt unangebracht.

Bei voll aufgestarteter Bewusstheit ist es jetzt nur noch eine Kinderei, was ich heute Morgen Georg auf Diskette geben wollte: eine regressive Anwandlung, Illusion einer Jugendzeit, wie ich sie mir erst vorzustellen lernte, als die Saison dafür längst vorbei war. Man kennt das aus der Romantik der älteren Semester: *O alte Burschenherrlichkeit, wohin bist du entschwunden ... – Trinkt sich das Alter wieder zur Jugend, so ist es wundervolle Tugend* – Nein: Witz muss ursprünglich sein, nur dann ist er wirklich responsiv und unerschöpflich, wo doch Hamlet richtig liest: *old men ... have a plentiful lack of wit ...*

4.3.1996
In Gedanken wieder einen Brief an Georg: *Ich habe mir noch nicht abgewöhnen können, jedes Mal, wenn ich nach der Siesta in den Anbau hinübergehe, einen Blick zur Garage zu werfen, ob dein Velo schon dort steht. In wenigen Tagen zehn Jahre Feuilletons verlesen: eine Zeitraffe von ernüchternder Eindrücklichkeit. Aus meiner Erteknatekla (Eremitage, halb Knast, halb Klapsmühle) sonst nichts Neues – außer vielleicht der folgende Gedanke: Fragen, ob die Zeit ein Wozu hat, ist ebenso irrsinnig spekulativ wie die Frage nach dem Wozu Gottes ...*
Es ist doch klar, dass er mir fehlt, nur wäre es nicht richtig gesehen, wenn ich den Grund, aus dem er zu mir kommt, Besuch nennen würde. Es ist ihm ganz offensichtlich ein Bedürfnis, mit mir Tee zu trinken und mir dabei vorzulesen, und das ist wiederum für mich befriedigender, als wenn ich denken müsste, er komme aus Mitleid mit mir Einsamem, Altem.

Noch immer sind die Gespräche mit dir das mich selber Tragende, mein Existenzvater! Wie oft hast du mich nicht schon an meinen eigenen Haaren aus meiner Sackgasse gezogen, meine Seinsamme! Bin ich nicht eine Sackgasse? Hybris und Verzweiflung. Und dazwischen? Mittelmäßigkeit und Banalität. Also doch lieber Vermessenheit und Verlorenheit. Wir nehmen uns am Leuchtschopf Bedeutung. Durch dich bin ich nicht geworden, was ich

nicht sein kann. Wie an deinen Seilen gebunden bin ich? Golden, herrlich? Auf jeden Fall gebunden an die stärksten Fesseln der Freiheit! Lässt sich das Geistige so genuin pflanzen wie umpflanzen? Ist es gerade Wesen des geistigen Verwachsens, dass Eigenständigkeit und Übertragung eines sind?
Was schert das, dem das Fliegen alles ist!
Möge das auch immer gelten. Immer!
Und es ist auch genug, dass ich noch immer lerne, nicht im Totenhaus, nicht im Irrenhaus, nicht im Banalitätshaus gelandet bin und auch nicht abgestürzt in vogelfreister Individuation und spontanster Augenblicklichtheit. Ist doch zugleich die Angst vor Bedeutungslosigkeit schon Bedeutungslosigkeit, und nur was ich mir selber zur Bedeutung lichte, nur der Sinn, den ich erschaffe, schafft meinen Affen.
Wir nehmen uns am Leuchtschopf Bedeutung.
Ich denke mich dir zu.
Dies Du
ist so religiös wie persönlich und umgekehrt, je inniger das Religiöse, umso veräußerter auch das Persönliche.
Du weißt, du weihst.
Durch dich füllt mich deutlich wie nie
das Nichtfeld der Bedeutungen,
der völlig eigene Bereich,
dessen leeres Öd Gestalt
annimmt, dessen nichtiges Öd
Welt beschlägt, besetzt, benimmt, beschwert, behaftet, beherrscht, bestimmt, bedeutet.
Immer möchte dies Hirn unsterblich
geboren werden, immer
beendend anfangen, immer
kommt das große Wannendlich! des ewigen Wahns, immer
der dauernde Beginn, immer
die strahlende Todesstunde, immer

die eigene Gottesstunde, immer die ödleere
Nichtigkeit aller Herrlichkeit, immer
die ewige Erlösung, sternquellende
Stirne,
himmelverdammte höllenerhellte Erhabenheit.

Öd braucht nicht sein, unweigerlich wachsen ist ihm schon All.
War nie, war immer schon wachsend das wilde Öd.
Die Koralle baut sich eine Welt, indem sie atmet, sagst du. Das Öd alias Nicht ist mir unendlich zur Brück' geworden; auch in jedem Nicht-Satz, ein Brück hinüber.

Der Gedanke schafft sich Gegenwart. Der Gedanke, aus dem alle Welt entspringt und in den alle Welt zurückschlägt. Die unbelangbare Bedeutung ist das eingebildete Licht der Welt, welches die Welt ist. Die Welt ist schon in dem Gott nur vorbereitenden *Sein und Zeit* nichts als Einheit der Bedeutsamkeit. Und *Sein und Zeit* wollte wiederum nichts als die Gottlichtung als Fundamental des Daseins existenzial öffnen.

Die drei Ekstasen entsprechen der Dreieinigkeit.
Der Vater: zukünftig gegenwärtige Gewesenheit.
Der Sohn: gewesene zukünftige Gegenwart.
Der Geist: gewesene gegenwärtige Zukunft.
Die drei entspringen in eins der Zeitlosigkeit der Ewigkeit dem Tod.

19.3.1996
Ist Nietzsches Schrei nach dem Übermenschen nicht zugleich die apokalyptische Bedeutung, dass darin die Menschheit untergehen werde?

Wie mich dieser Nacktaffen-Zoo mit dem ewigen Umgang seiner menschlich-allzumenschlichen Banalität wieder anödet! Da hatte ich in Gedanken ein Publikum vor Augen, das mir aufmerksam zuhörte, als ich versuchte, die Ableitung der Menschheit aus dem Sein zu vergegenwärtigen – und erwache dann zur nackten Wahrheit, dass ich tatsächlich niemanden wüsste, der mir auch nur zuhören wollte.

21.4.1996
Die menschliche Existenz ist dreifach: Geschlecht, Gesellschaft, Geist. Die alltägliche Existenzialität schwingt zwischen geschlechtlicher und gesellschaftlicher Bestimmung, bald mehr gegen die eine, bald mehr gegen die andere Polarität gerichtet; die geistige Bestimmung bleibt implizit.
Diese kommt in der Mystik zur Exposition und in der Philosophie zu ihrer vollen Ausdrücklichkeit. Worin besteht die geistige Bestimmung? Die Existenz ist im Verhältnis zur Ewigkeit Geist.

18.5.1996 Gradation der Lichtung.
Das erste Licht ist das Augenlicht – es eröffnet die Räumlichkeit a priori (aber selbstverständlich kommt uns auch dieses Licht nicht durch die Augen herein, sondern aus der Zeit herauf).
Das zweite Licht ist der Verstand, bis zu einem gewissen Grad auch dem Tier eigen, aber ohne Begriff.
Das dritte Licht ist die Vernunft, die den Verstand erst eigentlich gelichtet hinstellt: Für gewöhnlich denken wir aber nur im Widerschein dieses Lichts, ohne seiner gewahr zu werden und bewusst zu sein.
Dann aber müssen wir noch ein viertes Licht annehmen, von dem die Mystiker und solche, die gleichsam vom Tode auferweckt wurden, die sogenannten Reanimierten, berichten. Dieses Licht ist ganz Mysterium, ununterscheidbar vom Seinsgeheimnis überhaupt, gemeint mit der Möglichkeit schlechthin, dass überhaupt Dasein ist und sein kann.

Dasjenige Licht, in dem ich mir Gott denke, sofern ich ihn denken kann.

Du bist nicht da, du tauchst nur immer auf und bist auch dann nicht da. Aber du tauchst auf, in Momenten der großen Konzentration tauchst du auf, weil in diesen Momenten das Unglaubliche geschieht und das Unmögliche Ereignis wird. Und einmal festgestellt, tauchst du immer neu auf. Jede Sekunde tauchst du auf, und je mehr jemand zu sich selbst kommt, desto mehr tauchst du ihm auf, ohne dass du da bist. Du tauchst auf aus dem eigenen Meer des alltäglichen gedankenlosen Lebens und bist nicht da. Du tauchst in jedem auf die eigenste Weise des Erwachens auf.

Am 3. Juni 1996 verbrachte Georg in Wiepersdorf die erste Nacht mit Christiane, die den ganzen Horizont alles bisher Erlebten wegwischte und im Nu zum Zentrum seines Universums wurde.
Sie war so entschieden feministisch, dass es ihr nicht genügte, zwischen Mann und Frau nun Gleichberechtigung herrschen zu sehen, sondern sie wollte das jahrtausendealte Ungleichgewicht dadurch ins Lot bringen, dass nun umgekehrt Frauen über Männer herrschen sollten. Völlig zu Recht verwandle Kirke die ihr verfallenen Männer in Schweine. *Wenn hier eine tritt, bin ich es, und wenn hier einer getreten wird, dann du, wenn hier einer eins geblasen wird, dann mir, und wenn hier einer eins bläst, dann du,* paraphrasierte sie Brecht. Glücklicherweise entsprach auch dies der Lust beider. Auch Handschellen, Reitpeitsche und Umschnalldildo gehörten dazu. Obgleich es dem klassischen Repertoire einer Domina entsprach und er sie aus seinem eigenen Mangel an Gott zur Göttin erhöhte, ließ sie es immerhin souverän zu, Herrin zu sein, und ermöglichte ihm, seine Bußlust der Nichtswürdigkeit mit obszönen Ritualen zu stillen.
Wichtiger indes war ihnen der offene Autismus, die einzig angemessene Beziehung zwischen zweien. *Alle Probleme kommen von*

einem Mangel an Autismus. Wenn wir jederzeit und überall in uns selbst abwesend sein können, können wir uns auch freiest einander zuwenden. Sie konnten viele Stunden im offenen Cabriolet durch Amerika fahren, ohne ein Wort miteinander zu sprechen, und plötzlich in intensivste Gespräche oder in Nacktheit fallen, um dann der eigenen Inexistenz wieder das uneingeschränkte Vorrecht zu geben. Stille.

Sie fanden sich überdies in der Empfindung des Absurden so sehr, dass Streit und Vorwürfe und Forderungen und Klagen unmöglich schienen. Indem das Leben ohnehin grundlos und sinnlos sein musste, war die Erhabenheit aller Lächerlichkeit und die Lächerlichkeit aller Erhabenheit stets das Maß der Dinge. Ein einziges Mal, ganz zu Beginn der vier Jahre ihrer gemeinsamen Zeit, nachdem er sich in der Bretagne bis zur völligen Erschöpfung bei stürmischem Wind in die riesigen Wellen des Atlantiks geworfen hatte, obschon wegen der Gefahr niemand sonst ins Wasser gestiegen war, da sagte die am Strand Lesende dem aus dem Wasser Taumelnden, dass sie unsicher geworden sei, ob sie sich ärgern solle oder nicht. Denn wenn er durch so grob fahrlässige Handlung ertrunken wäre, wäre sie ja schuldig geworden, weil sie nur zugesehen hätte, ohne einzugreifen.

Oder ob sie die Trotzreaktionen des zur Infantilität neigenden *männlichen* Geschlechts doch einfach nicht beachten solle. Er nämlich versuchte sich wieder ganz offensichtlich zu erschöpfen dafür, dass sie oft viele Tage lang keinen Sex wollte, womit sie ihm wiederum den Genuss des übergroßen Verlangens unstillbar aufrechterhielt.

Sie hielt es aber auch für völlig angemessen, wenn andere Frauen sich für ihn interessierten, dass er dann auch mit ihnen schlafe, denn der allen Beiwohnende sei doch ein ganz und gar philosophisches Attribut. *Alle Probleme kommen von einem Mangel an Autismus.* Dass sich darin auch der Unterschied zwischen freier Beziehung und beziehungsfrei so sehr auflöste, dass am Ende auch nicht mehr klar auszumachen gewesen war, wann die engere Nähe überhaupt endete, besiegelte die Freiheit.

21.3.1997
Für den Tod frei: das ist der wahre Freitod. Das heißt: die Freiheit des Lebens; das ist der wahre Freitod! Die Befreiung schlechthin ist die Befreiung zum Freitod! Oder in der Wendung von früher: All unsere Verstimmungen und Ärgernisse und Kümmernisse und Krankheiten wollen uns in die Schuld vor den Tod bringen, welcher wiederum immer neu für das Wunderbare der Existenz zeugt. Mir ist, als ob sich mir mit dem intensiven Fragen nach dem vielschichtigen Wesen des Todes ein höherer Bereich des Traums erschlossen hätte: jener Bereich, in dem die Alten Gott gesehen hatten und den Walter Otto das Numinose nannte. Dazu hatte ich mir gestern auf Zetteln notiert: Seine Heiligkeit: der Tod! Höchste Instanz des Seins. Heilig seine Freiheit. Die Heiligkeit des Todes ist allgegenwärtig, *mitten im Leben sind wir vom Tode umgeben.* Der Tod als numinose Gewissheit – umstellt von Unwissenheit und Aberglauben, von Spekulation und Phantastik, von Irrsinn und Wahnsinn. Kein Wissen reicht an die numinose Gewissheit, jede Erklärung ist einseitig, greift zu kurz. Notwendigkeit für die Philosophie, die Gewissheit virtuell zu halten, d.h. als unbelangbare Gewissheit.

13.4.1997
Tod – erhabene Gewissheit
vor, über und außer aller Realität und Erfahrung –
geheiligt sei dein Name!

Tod besagt als Gerede: *man stirbt,*
als Faktizität: Leib wird Leiche,
als Wahrheit: Aufgehobenheit des Allseins,
als Vergleichbarkeit: einschlafen.
Wer hat je, wenn er tief schlief, vermisst, dass er nicht wacht?

Der Sinn liegt in der Zuversicht, dass ich das Wachsein im Tode so wenig vermissen werde wie im Tiefschlaf.
Wie aber, wenn wir, wie der Inder meint, im Tiefschlaf an der Wachheit Gottes teilhaben, d.h. an Brahman?

ACHTES KAPITEL

1.1.1998
In meiner Homosexualität konnte ich mit dem Akt der Fortpflanzung nichts anfangen und fand meinen Sinn ganz in der Individuation und Vervollkommnung. Umso deutlicher ist mir geworden, dass der biologische Zweck für die geistige Bestimmung irrelevant ist.

11.1.1998
Die Sexualität ist beim Menschen unbändig, sie ist nicht in instinktive *patterns of behaviour* eingebunden und sie hat sich auch nicht in irgendeine begriffliche Norm einbinden zu lassen. Sie will für sich gesehen akzeptiert und respektiert sein. Die primäre Unbändigkeit der Sexualität ist Voraussetzung für die freie Integration. Was für eine Kehre: die entfesselte Sexualität!

Keiner kann ganz heterosexuell sein, aber auch nicht ganz homosexuell und auch nicht bisexuell. Immer benimmt uns die unvermeidliche Irritierung jeder eindeutigen sexuellen Identität. Wer homosexuell ist, wird irritiert von der Heterosexualität, wer heterosexuell ist, wird irritiert von der Homosexualität, und wer bisexuell ist, wird irritiert von der Entschiedenheit für das eine oder andere Geschlecht. Es bleibt ein Rest, eine Lücke, eine Unbestimmtheit auch bei noch so großer und offensichtlicher Entschiedenheit. Es ist auch nicht möglich, ganz monogam zu sein, so wenig wie ganz polygam. Es bleibt die unlösbare Polarität zwischen Paarsein und Alleinsein, zwischen Gebundensein und Freisein, zwischen Konstanz und Augenblicklichkeit. Entschiedenheit für eine Person oder Sache ist genauso einseitig wie Offenheit für das Spontane, Ungewohnte, Fremde. Was machen wir damit? Wir tragen die unlösbare Spannung auf das *Alles in allem* zu aus. Und schon trinken wir das Geschlecht der Engel, die völlige Verlorenheit, die bedingungslose Verschwendung. Nackt auch angezogen, und auch nackt noch von Anmut bedeckt. Zugrunde liegt die übersexuelle Unsexualität, die eingeschlechtlich ungeschlechtliche Überlust oder das polymorph perverse Geschlecht der Engel. Deren unfassbare Übersexualität ist nicht nur eingeschlechtlich doppelt oder halb ganz und auch nicht nur weder halb noch doppelt, sondern einfach ganz zerrissen, ganz zerrissen ganz.

22.1.1998
Immer von Neuem: Ich habe gemeint zu denken und es war zumeist nur spinnen. Ein halbes Leben lang habe ich mich mit dem Problem der Homosexualität herumgeschlagen, als ob dieses mein Schicksal entscheiden müsste, um am Ende zu realisieren, dass die Homosexualität ja gar nie mein Problem war. Nicht die Homosexualität war mein Problem: die Sexualität überhaupt!

6.8.1998
Die klassischen Griechen verabscheuten die Pedicatio, und den mosaischen Juden war die Männerliebe offenbar so hoch und heilig, dass sie die Arschficker wie Gotteslästerer zu Tode steinigten.

3.9.1998
Ich kann mich nur auf der Rückseite des Mondes halten und bewegen. Im Klartext: In der gesellschaftlichen Konvention beschränkt sich meine Bedeutung auf das Notdürftige, was ich als Agronom und Kleingutsbesitzer gemacht habe. Meine eigentliche Bedeutsamkeit aber liegt für mich ganz im Virtuellen: Phantasie, Imagination, Spekulation, philosophisches Erkennen und Individuation. Meine Aufzeichnungen sind der Niederschlag meines philosophisch ausgerichteten Individuationsprozesses, und in diesem Sinne dürften sie nicht nur von einem speziellen Interesse, sondern geradezu beispielhaft sein. Dies ist mein Bekenntnis. Konsequenz: Ich überlasse es Georg, was er als Profi in Sachen Literatur daraus

machen kann. Und wenn ich sein Interesse richtig deute, so ist es genau das, was er möchte.

13.2.1999
Dass niemand versteht, was du eigentlich gemacht hast, ist doch kein Grund dafür, dass du es selber auch nicht verstehst!

Bist du schwul?
Nein, Philosoph.
Ist das eine Alternative?
Nein, aber wenn einer sich zur Philosophie bekennt, wird es belanglos, was seine Sexualität ist.

1.3.1999
Es ist mir peinlich, gestehen zu müssen, dass das, was mich zur gegebenen Zeit von der Homosexualität abgehalten hat, Verklemmtheit und Feigheit gewesen ist.
Aber so sehr ich stolz wäre, mich rühmen zu dürfen, es sei aus Einsicht und Überlegenheit geschehen, so froh bin ich heute, dass ich, wie immer es geschehen sein mag, tatsächlich davor bewahrt worden bin.

Sunderwarumbes praktisches Lebenselixier im Alter war der Garten. Mit sechzig, nach dem Tod seiner von ihm im gemeinsamen Wohnhaus an der Kastaudenstraße gepflegten Eltern, die beide innerhalb eines Jahres starben, begann er täglich sich um den Garten zu kümmern, zusammen mit der Haushaltshilfe Clara, die ihn vierzig Jahre lang durch ihre eigene Witwenzeit hindurch vergötterte. Den Rasen mähte er mit einem mechanischen Rollrasenmäher und fand es eine gute Meditation, gekoppelt mit praktischem Fitnesstraining. Sowohl auf sein Rosen- als auch auf sein Tulpenbeet war er sehr stolz, aber auch der Feuerbusch, die Pfingstrosen, der japanische Ahorn und die Vergissmeinnicht gehörten dazu. Viel aufwendiger aber, und je länger, desto wichtiger, wurde sein Gemüse- und Salatgarten. Er wurde darin fast ganz Selbstversorger und zweifelte nicht, dass es nirgends die besseren Salate und gesünderen Gemüse gab als bei ihm. Er hatte sich eigens Hochbeete eingerichtet: etwa vier Meter lange, zwei Meter breite und einen Meter hohe mit Holzlatten umzäunte Beete mit schmalen Gässchen dazwischen, sodass man stehend arbeiten konnte. Kartoffeln hatte er so viele, dass er sie auch hätte verkaufen können. Karotten und Fenchel und Lauch ebenso. Sein tägliches Königsgericht zu Mittag war die Gemüsesuppe, für die er das im Dampfkochtopf gegarte Gemüse mit einem Mixstab pürierte. Georg hatte sie in den Jahren, als er im oberen Logis wohnte, täglich mitgegessen und, wenn Sunderwarumbe krank war, diesen Job nach dessen Rezept übernommen. Den Garten, abhängig vom Wetter, täglich mit von Schwielen sich verhärtenden Händen zu pflegen, nannte Sunderwarumbe seinen bäurischen Sinn schlechthin. Zwei Stunden am Nachmittag, manchmal auch am Morgen, sommers oft auch abends, die die Verbundenheit mit Mutter Erde vertieften, gaben ihm den Ausgleich zum Vater Geist. Unabhängig in beidem, an keinem Markte hängend.

Gebet des Philosophen:
Unbegreifliche Lichtung des Verstehens!
In deiner Helligkeit ist unserm Leben Sinn und Erfüllung geworden eh und je.
Ehe denn die Berge entstanden und weiter als Himmel und Erde genannt werden, geht ein Bereich von Ewigkeit zu Ewigkeit: es ist der deine, o Lichtung des Verstehens.

Andere Gedanken, aus gleichem Hirn:
Wo der Weizen zu Boden geht, kommt Unkraut auf.

Ein Apfel, der nicht reift, bleibt am Baume hängen.

Was der Herbst sät, darf das Jahr nicht mehr ernten wollen.

Kronblätter taugen nicht zur Assimilation. Seismographen werden nicht gebaut, um Erdbeben standzuhalten.

Die Koralle baut eine Welt, indem sie atmet.

Nur über meine Leiche! Antwort der Auster zur Hand des Perlenfischers.

Der Mai blüht sexuell, der Oktober in Vortodesfreude.

Beim Hornvieh geben sich die männlichen Tiere nicht mit den Jungen ab;
der Löwe aber tut es, und den Adlervater kann man sogar brüten sehen:
Wie pervers muss das einem rechtschaffenen Ochsen vorkommen.

14.3.1999
Was ist der Mensch? – Eine Nervosität.
Was ist die Welt? – Eine Schale des Ich.
Wer bin ich? – Ein Patient der Psychiatrie in die Philosophie entlaufen.
Was ist die Philosophie? – Ein Fremdwort.
Was ist die Sexualität? – Ein weites Feld.
Was ist die Wirklichkeit? – Erfahrung.
Was ist die Zeit? – Gegenwärtigkeit.
Was ist Sein? – Auslegung.
Sinn? – Imagination.
Ethos? – Stil.
Wahrheit? – Glaube.
Was heißt Glauben? – Transzendieren.

3.7.1999

Nach Klagenfurt: Georg verdiente, dass man ihn heilig sprechen sollte. Wirklich, Georg hat mir in Klagenfurt etwas vorgemacht: er ist über das Seil gegangen, *mourir ou parvenir*: ein beispielloser Mut, zu seiner Verrücktheit zu stehen, wenn sie notwendig ist. Meine Sache ist es zwar nicht, öffentlich aufzutreten, wohl aber meine Philosophie so vollkommen ohne Rücksicht auf Allgemeinverständlichkeit zu formatisieren, als es eben für die Anwendung notwendig ist.

8.8.1999

Ein Tag, der viel Geduld von mir forderte, ob ich sie immer hatte? Georg hat heute seinen sechsunddreißigsten Geburtstag. Wir haben nie zusammen Geburtstage gefeiert, aber heute hätte ich eine Einladung arrangieren sollen. Er ist noch keineswegs von seiner Versunkenheit frei. Gegenstand seiner Lesungen zum Tee gestern, heute Vormittag und am Nachmittag erneut Celans späte Zyklen, besonders *Schneepart*, eine surrealistische Demontage aller vertrauten Sinnhaftigkeit aus Verzweiflung, der depressive Suizid immer schon zum Greifen nahe. Aber es ist ein großartiger Heroismus, dieser entsetzlichen Perspektive sich auszusetzen, die letzten Fetzen von Bedeutsamkeit zu fassen und im Gedicht zur Jahrhundertbedeutung zu hissen, hoch klirrend, hoch über allem, was sonst gedichtet wurde.

Georg brauchte mehrmals den Vergleich mit den Serumgäulen, den er von mir übernommen hat. Serumgäule hat man krank gemacht, damit sie das Serum gegen die Krankheit produzieren. Die Beschäftigung mit Celan wird ihm den Mut geben, seine gegenwärtige Krise produktiv zu meistern. Wo ihm der Nerv gerissen ist, kann ich nicht sehen. Eine akute Verzweiflung an seiner Berufung, die möglicherweise einen echten Berufungswahn zum Hintergrund hat.

So wenig er den Schock seines eigenen *Amoklaufs der Eitelkeit* in Klagenfurt schon überwunden hat, wie er es selber nennt, so sehr sieht er auch dessen Notwendigkeit zu einem unumstößlichen Zeugnis.

8.10.1999
Kurz *Zoom Nicht* in die Hand genommen. Zuerst, als wir vor fünfzehn Jahren miteinander die Existenzialphilosophie studierten, kam ich mir ihm gegenüber so ein wenig als Meister und Mentor in Philosophie vor. Als er dann seinerseits an der Uni Philosophie zu studieren begann, wurden wir so etwas wie Studienfreunde in Philosophie, und das sind wir bis heute geblieben. Seine dichterischen Produktionen habe ich zuerst als aktive Imaginationen gedeutet, Teil seines philosophischen Individuationsprozesses. Wurde dann aber sehr bald gewahr, dass er mit der Leidenschaft eines Unbedingten dahinter war und dass er damit auch zur Welt kommen wollte und musste. Seine Gedichte habe ich anfänglich auch mehr artistisch genommen, philosophisch überzeugten sie mich im Grunde genommen noch nicht. Mit den *Nichten* hat er in der Lyrik ein Niveau erreicht, das ich als echte Avantgarde bezeichnen möchte. Mit der *Hirnhellen Heroine* aber hat er mich mit einem Schlag – bei der ersten Lesung schon – zu seinem Bewunderer gemacht.

9.11.1999
Imaginäres Gespräch mit dem Dichter der *Hirnhellen Heroine*:
– Sage mir, Georg: deine *Hirnhelle Heroine*: warum kann sie das Wort nicht sein, das sie nicht sein kann? Oder kann sie es vielleicht gerade darum nicht sein, weil sie ist sunder warumbe?
– Sunderwarumbe? Ist das nicht dein Pseudonym, ein Wort, das du einmal bei Meister Eckhart aufgelesen hast?
– Es ist mein Philosophenname.

– Du hast an einer Stelle mit wenigen Sätzen formuliert, was dir das Wort bedeutet, nur ist mir die Stelle nicht wörtlich gegenwärtig. Wie lautet sie? Kannst du sie mir aus dem Stegreif zitieren?
– Sunder Warumbe, sonder Warum, ohne jede weitere Notwendigkeit explikativer Begründung und Rechtfertigung des Daseins, ganz gratia gratiis data lebt der Mensch, wenn Gott in ihm Sohn wird; wenn – anders gesagt – in seiner so absurd zufälligen, so ganz und gar nichtigen individuellen Existenz das All des Seins zu sich selbst kommt und er in ihm.
– Georg (mit einem Lächeln hinter den Stockzähnen): Nehmen wir einmal an, es sei eben darum, dass sie das Wort nicht sein kann, das sie nicht sein kann, weil das Wort selbst nicht sein kann und dank dessen Nichtsein sie auch so wundersam wie sonderbar nicht sein kann, weil sie darum ist sunder warumbe.

14.2.2000
Wenn mich der Tod heimholt wie unlängst im Traum plötzlich vom Velo, dann soll Georg sehen, wie er meine Existenz liquidiert. Aber kann und darf ich ihn auch in Anspruch nehmen, wenn ich meine Existenz selber aufhebe? Und ebendies muss nun meine imperative Vorhabe sein. Und darin sehe ich mich zunächst ganz auf mich selbst gestellt. Wenn Georg mir auch nur raten könnte, hätte er es längst versucht und getan. Wenn ich selber weiß, wie ich meinen Schluss machen kann und muss, dann bin ich sicher, dass er mir, soweit als es ihm möglich ist, zur Seite stehen wird. Aber wissen wie, das muss ich selber. Nicht, wie ich mein Leben beende, aber wie ich es hinterlasse.

17.2.2000
Stelle dich vor den Tod – und du erwachst zum Dasein!
Vergiss den Tod – und du verfällst dem Leben!

Natürlicherweise findet der Mensch seine Identität im Glück der Liebe, gesellschaftlich im Erfolg in der Welt, erreicht oder verfehlt, tatsächlich oder geträumt. Das eigentlich autonome Selbstsein erschließt nur das Denken, welches die eigene Existenz mit dem Seinsgeheimnis überhaupt im ständigen Angesicht des Todes verknüpft. Wie man Karate nicht erst lernen kann, wenn man es braucht, so ist auch die Geistesgegenwart vor dem Tod eine Herausforderung, auf die der Geist vorbereitet und darauf eingeübt sein will.

4.6.2000
Das Tier ist erst nur für das Leben programmiert, obschon sein Leben ungleich lebendiger ist als das der Pflanze. Der Mensch jedoch hat noch ein anderes Programm in seiner Existenz: zu sein wie Gott!

Auch die digitale Welt tendiert räumlich schon gegen nichts, auch wenn die Tendenz nur ein Hinstreben zu und nie ein Ankommen bei ist. Die Materialisierung des Denkens in der Technik ist schon fast materielos wie das Denken selbst, von dem sie hergenommen ist. Und die ungeheure Fähigkeit der schon Berge versetzenden Technik zeigt immer evidenter den Gottbezug des Denkens, der digital schon allgegenwärtig ist. Gleichwohl bleibt zwischen digitalem Geist und dem Geist des Denkens ein unendlicher Sprung. Der Zufallsgenerator ist eben keine echte Spontaneität! Die Forschung tendiert, auch hier kein Ankommen in Sicht!, auf die Einsicht, dass auch wir Menschen vollends als apparatisierter Automat ohne Freiheit Programme abspulen sollen, und wenn dies restlos sich erwiesen haben sollen wird, so wäre auch in dieser Hinsicht das Weltende erreicht.

1.8.2000
Es gibt eine seltene Blutgruppe von Mentalität, die man als philosophieabhängig charakterisieren kann. Zwar ist der Mensch überhaupt philosophiebedürftig. Aber was einer üblicherweise vom Sauerstoff des Seins braucht, das findet er, wenn auch leider oft nur notdürftig, in Erziehung und Schulung und in der Luft der allgemeinen Unterhaltung. Nicht so der Philosophieabhängige. Er benötigt den Sauerstoff auch in reiner Form, und wenn er in dieser reinen Form in seiner Erziehung und Ausbildung fehlt, entartet seine Persönlichkeit fast unvermeidlich schizophren, nicht gerade klinisch, aber doch sozial problematisch, als autistischer Spinner. Was heißt das nun konkret? Der Philosophieabhängige benötigt eine Philosophie in Gestalt einer reflektierten Artikulation des Denkens. Ihm genügt nicht der allgemeine Gebrauch der Sprache, er braucht den persönlichsten Begriff von Erkennen.

Da es nun die Philosophie einmal gibt, kann man sehr gut leben, ohne dass man sich eigens mit Philosophie befasst. Ob man auch ebenso gut sterben kann, ist eine andere Frage, besonders wenn man bedenkt, dass das Sterben nicht erst auf dem Totenbett beginnt, sondern bereits in der Wiege.

4.10.2000
Der Lebe-Mensch kreist bis ins Alter im Magnetfeld des Geschlechts. Für ihn ist der Tod – wie für Dostojewskis Karamasow – einfach absurd: Man muss einmal sterben, basta. Aber solange man lebt, will man das Leben genießen, und das heißt vor allem das geschlechtliche: womöglich mit siebzig noch eine junge Frau heiraten.
Der Sterbe-Mensch steht schon ab ovo im Magnetfeld des Todes. *Von Mutterleib an war ich auf dich geworfen.* Sein Verhältnis zum Geschlecht ist von Anfang an ambivalent, er findet sich nie damit zurecht, kommt nie zu einem harmonischen Umschwung um

dessen Pol, er fliegt gleichsam in einem parabolischen Kurs direkt ins Magnetfeld des Todes, das ihm zur Philosophie wird.

Das Wunder aber ist, dass sich seine Kreise mit den Feldlinien des Geschlechts überschneiden. Es ist ja nicht so, dass die beiden Magnetfelder voneinander getrennt sind. Das Magnetfeld des Geschlechts reicht bis an den Pol des Todes und umgekehrt das Magnetfeld des Todes bis an den Pol des Geschlechts. Wenn sich die Bahnen des Lebe-Menschen mit denen des Philosophen kreuzen, können geradezu leidenschaftliche erotische Affinitäten entstehen.

6.10.2000
Georg las zum Tee aus Felicitas Hoppes *Pigafetta*. Für diese Dichterin ist die Wirklichkeit eine Nussschale auf einem Meer von Träumen.

25.11.2000
Erst das Erkennen hat uns das Universum erschaffen.

9.12.2000
Seit bald fünfzig Jahren lebe ich mit Selbstmordgedanken – und überlebte, wie ich meine, nur mit ihnen und dank ihrer.

Die Möglichkeit, jederzeit unverzüglich gehen zu können, war Sunderwarumbe so wichtig wie die Zyankalikapsel im Zahn. Er las viel über die Selbsttötungsarten und erzählte auch gern beim Tee davon. Besonders süß fand er die Vorstellung, einen Pistolenlauf in den Mund zu nehmen, daran wie bei einer Fellatio zu lutschen und nebenbei auch mit dem Abzug zu spielen, bis irgendwann wie von selbst der Schuss losgeht. Diese Methode sei nicht nur todsicher, weil es ohne Abprallmöglichkeit mit absoluter Garantie den ganzen Hinterkopf zerberste, sondern auch völlig schmerzlos, denn mit ebenfalls absoluter Garantie sei man schon tot, bevor die

Nervenzellen überhaupt reagieren können. Er hatte aber keine Pistole, und seine Methode zum möglichen Freitod stand lange fest. Um jederzeit gehen zu können, hatte er fünf Gramm Phenobarbital im Bade immer griffbereit. Das sei aber nur die erste Hälfte zum sicheren Ziel. Nachdem die allein schon hochwahrscheinlich tödliche Dosis Schlafmittel den Sterbewilligen müde mache, sei es wichtig, sich einen Plastiksack über den Kopf zu ziehen und ihn am Hals vollständig luftdicht zuzuschnüren. In diesem kurzlebigen kleinen Sauerstoffzelt dann einzuschlafen, trage die Seele sanft und unbemerkt hinüber in den großen Schlaf.

Angenehme Empfindungen weckt das Gift dir im Körper.
Grundlose Heiterkeit weht dir durch Geist und Gemüt.
Seliges Vergessen folgt.
Entrückt wirst du Sorgen und Leiden für immer.
Trunken sinkest du so dem Schlaf in die Arme
und bald bewusstlos trägt dich der Tod
unbemerkt dann hinaus.

NEUNTES KAPITEL

1.1.2001
Dass ein schöpferischer Mensch produktiv sein muss, um nicht krank zu werden, das weiß natürlich nur er selber. Eine Kuh darfst du getrost ein halbes Jahr am selben Platz im Stall angebunden sein lassen – von der letzten Weide im November bis zur ersten im April –, ein Pferd aber, das nicht bewegt wird, kann dir schon nach wenigen Tagen kreuzlahm werden.

14.5.2001
Von dem her gesehen, was mir als Weltkultur der Philosophie vorschwebt, ist diese ganze aktuelle Weltzivilisation eine monströse Verwahrlosung.

Die Begegnung mit der achtzehnjährigen Alejandra am Poesiefestival in Medellin vervielfachte Georgs Sexglaube, dass auch Frauen genauso Sex pur lieben wie pures Geld. Diese wunderschöne, große Schönheit lebte solch eine selbstverständliche Nacktheit, gekoppelt mit so maßlosem Selbstbewusstsein, dass er alles bisher auf Erden Erlebte für kleingläubige Ängstlichkeit hielt. Dieser Kalypso konnte kein irdischer Mann widerstehen. Die umwerfend betörende, überall tanzende und immer lachende Augenweide suchte sich nicht nur frech die Männer aus, mit denen sie ins Bett wollte, sie beteuerte auch, dass sie nichts so sehr interessiert im Leben wie Sex und dass es nichts Schöneres gibt als Sex. Je schöner der Sex mit einem Mann sei, desto tiefer die Liebe. Auch dass Georg zwanzig Jahre älter war als sie, sei völlig egal, solange die Lust aneinander da ist. Alejandra wollte Sexologin werden und alle Lüste der Menschen untersuchen und fördern. Und sie wurde es auch und gründete die Sexgesprächspraxis *El divàn rojo*, mit der sie bald auch einen festen Platz im kolumbianischen Fernsehen ergatterte. Sie hatte polymorph perverse Lüste und nichts schien ihr unmöglich. Einmal forderte sie ihn unversehens auf, sich vor ihren Augen selbst zu befriedigen, weil sie neugierig war, wie es bei ihm aussieht, um dann den Moment der Ejakulation doch in ihrer eigenen Hand zu haben. Sie hatte ihrer Schönheit gemäß für die Macht eine besondere Vorliebe, war vernarrt in Lackkleider und Peitsche und ließ sich endlos gern verwöhnen. Auf seinen Vorschlag, ihn zum Cunnilingus doch auch mit Pisse zu beschenken, lachte sie laut auf und fügte gleich hinzu: *Wenn du aber willst, dass ich dir auch ins Gesicht scheiße, muss ich mich zuerst ganz schön überwinden.*

21.5.2001
Was soll ich jetzt mit Georgs hetero-manischem Don-Juan-Verhalten anfangen? Schon seine Gedichte haben mir zu sehr nach Möse gestunken. Es ist natürlich maßlos und hoffentlich ganz unbegründet und ungerecht, aber ich muss es loswerden. Mir missfällt der Besuch aus Medellin in der bedenklichsten Weise. Wäre es nur eine Extravaganz – wenn er z.B. wieder nach Medellin fliegen wollte –, so könnte ich das mit Wohlwollen hinnehmen, aber dass er mit einer achtzehnjährigen kolumbianischen Maitresse namens Alejandra drei Wochen in unserer gesellschaftlichen Landschaft herumreist, das lässt weniger an den Don Giovanni von Mozart denken als auf den Burlador de Sevilla schließen. Don Juan fällt an seinem Spott über Gott und Moral und nicht an den Frauen. Will sich Georg vielleicht zu Fall bringen? Worauf es jetzt ankommt: *Stelle ihn seinem Verderben anheim!* – Zieh dich aus seiner Haut zurück, ohne dich ihm zu entziehen. Wer sagt denn, dass du den Leporello spielen musst? Soll nur der Burlador zuerst einmal durch die Hölle. Solche Typen wie Georg sind aus Veranlagung dazu bestimmt, über die Schnur zu hauen, wie man sagt.

13 Uhr – Ich bin mit mir noch nicht im Frieden betreffend Georg. Es ist einer hinter mir, der am liebsten grad auf der Stelle aus der

Freundschaft aussteigen möchte. Das sind genau die Affektreaktionen, mit denen Beziehungen unwiederbringlich zerstört werden können. In der aktualen Situation steht weniger die Beziehung auf dem Spiel als das Schicksal von Georg. Vielleicht täusche ich mich, wenn ich dieser Kolumbianerin nicht traue. Wenn ich in ihm einen Freund im gutbürgerlichen Sinn gesucht hätte, wäre ich zwiefach an der falschen Adresse gewesen. Einmal seiner Jugend wegen und zweitens, weil er mir von Anfang an unmissverständlich zu verstehen gegeben hat, dass er ein Künstler und also in gewissem Sinne ein Zigeuner ist.

13.30 – Wir sind noch immer nicht mit uns ins Reine gekommen. Die Tatsache, dass uns Georg mit seiner Kolumbianerin so aufregt, besagt doch im Grunde genommen gar nichts anderes, als dass wir uns über uns selber nicht klar sind. Wären wir wirklich entschlossen, was könnte uns ein Georg anhaben. Und ist es überhaupt unsere Aufgabe, über seiner bürgerlichen Existenz zu wachen, wie wir uns das so gerne eingebildet hatten?
Vor uns der Denkweg der Philosophie, hinter uns die Schreib-Spur! Es sind drei Gründe, die er selber bedenken muss:
1. Könnte es das Wohlwollen derer frustrieren, die ihn mit Preisen und Stipendien zu fördern versucht haben. Was für einen Eindruck könnte das hinterlassen, wenn er mit einer kolumbianischen Maitresse – die erst noch gut seine Tochter sein könnte – in Europa drei Wochen Ferien macht! Es ist zwar nicht zu hoffen, aber zu befürchten, dass er auch in Zukunft wieder auf Förderung angewiesen sein wird, wenn ... Oder sollte vielleicht seine Karriere damit auffliegen?
2. Ist er so sicher, dass die Alejandra in der Schweiz, ja selbst in Berlin noch die Alejandra von Medellin sein kann und wird, und umgekehrt, ob er für sie hier noch der Held des Poesiefestivals ist?
3. Nicht die Weiber haben den Don Juan zugrunde gerichtet, sondern der Komtur den Burlador!

22.5.2001
Sehe ich in Georg noch immer den Interessierten in Philosophie, als der er einst zu mir gekommen ist, den jungen Freund und leidenschaftlichen Kommilitonen, den Lyriker der ersten Zyklen – *Liebe und entschlossen den Wahnsinn*? Was haben wir jetzt noch gemein mit dem Macho von heute, für den die Philosophie höchstens noch Reminiszenzbedeutung hat, während es ihm im Aktualen ganz nach Weibern und öffentlichem Erfolg steht: ein Archipoeta, Till Eulenspiegel oder eben der Burlador de Sevilla? Was kann man seinen Mitmenschen am wenigsten verzeihen? Dass man ihnen nichts bedeutet hat!

6.6.2001
Besuch von Alejandra abgesagt: Weil er wegen der Visumsschwierigkeit mit ihr nicht nach Berlin reisen könne, sei es ihm in der Schweiz zu eng.

Medellin – das wäre auch ein Ort für einen *Tod durch Verschwinden*, wie es in *Pigafetta* von Felicitas Hoppe heißt. Da könnte man sich von einem Stricher umbringen und verschwinden lassen.

Träumereien zum Klavierspiel von Arthur Schnabel, dessen Beethoven-Sonaten ich wieder angefangen aufzulegen. Besonders im Vergleich mit denjenigen von Glenn Gould. Schnabel ist mitteilsamer, bei Gould hebt man ab. Schnabels Adagio aus der Ersten in A hört sich an wie ein Ständchen ohne Worte: *Liebchen, komm zu mir!* Habe mich beiläufig gefragt, was wohl die Felicitas Hoppe dazu sagen würde.

Hieronymus wollte als Knabe Pianist oder Dirigent werden. Doch im bäuerlichen Betrieb hielt man eine Handorgel für Musik genug. Er wäre aber auch nicht Pianist geworden, wenn er so früh hätte Klavier spielen dürfen wie Glenn Gould, denn es war nicht seine

Sache. Dafür wurde Glenn Gould sein Idol in Sachen Klavier. Er nannte Goulds Spiel eine Manifestation des Absoluten. Eine solche überirdische Reinheit und Leichtigkeit und Genauigkeit rühre an die Matrix des Universums. Glenn Goulds Bach-Spiel durchstrahle mit Klängen so kristallin die Materie, dass die Mathematik und die Physik und die Astronomie und die Harmonie des Universums auf ihre einfachen Zahlengesetze als musikalisches Wunder hörbar würden. Abends hörte er oft buchstäblich hin und weg CDs. Wenn Georg unbemerkt ins Zimmer trat, konnte er zusehen, wie Sunderwarumbe mit geschlossenen Augen zum Beispiel das Adagio des 4. Klavierkonzertes von Beethoven mitdirigierte oder auch nur mit einer Hand über dem Kopf Bewegungen machte, wie man das auf dem Photo von Glenn Gould sah, welches Hieronymus aus einer *NZZ* ausgeschnitten und über dem CD-Player aufgehängt hatte, neben einem des ganz jungen Gould, der über die Tasten gebeugt dem eigenen Spiel zuhört. Er fand auch die Gestalt des jungen Gould zum Verlieben, und dass Gould sein Leben lang allein blieb und vielleicht gar ohne Sex war, nahm ihn auch ganz besonders für ihn ein. Er hatte auch alle Radiosendungen der langen Folge von Michael Stegemann auf sein Revoxgerät aufgenommen, neben der Sammlung sämtlicher CDs und Biographien. Sein von Gould gespieltes Lieblingsstück war überraschenderweise nicht von Bach, für dessen Interpretation Gould ja geboren war, sondern das Opus 111 Beethovens, die Klaviersonate Nr. 32 in c-Moll, die er die Autobiographie eines Genies und Gould die dazugehörige Vertonung eines Genies nannte. Gerade weil Gould die Sonate als zum Teil schwach bezeichnete, habe er sie so abscheulich übermenschlich gespielt. Er liebte aber auch Richter und Horowitz und Pollini und Schnabel und hörte sich auch die Symphonien und Quartette der großen Klassiker immer wieder an.

Gegen Ende seines Lebens wurde ihm *Die Winterreise* das häufigste Medium der Andacht und fast zur täglichen Leier des Abschieds.

Es gefiel ihm auch das letzte Stück des Leiermanns am allerbesten, und obschon er die Disziplin nie verlor, identifizierte er sich mit dessen Los und zitierte immer häufiger die Zeile: *Und er lässt es gehen, alles, wie es will.*

14.9.2001
Ich fürchte, Washington wird den epochalen Schock des Terrors vom letzten Dienstag nicht epochal richtig beantworten können. Da steckt man offenkundig noch zu tief im Mittelalter der Politik. Aber wir sind nicht mehr bei Pearl Harbor und auch nicht in den Zeiten der Kubakrise – übrigens hatte man ja auch schon in Vietnam entsetzlich danebengehauen. Die Mächte sind nicht mehr politisch objektivierbar, sodass man einen sogenannten Feind und Angreifer ausmachen kann, gegen den man in den Krieg ziehen könnte. Im Zeichen der Globalisierung ist die Menschheit zu einer inkohärenten Interdependenz geworden, deren Machtkonstellationen auf eine radikal neue Art, gewissermaßen in Fraktalen, auf ihre effektiven Algorithmen hin gesehen werden müssten. Die USA haben die ganze arme Welt mit ihrem zum großen Teil nur gebluﬀten Reichtum beleidigt, ohne auch nur daran zu denken, dass sie sich dafür entschuldigen sollten, im Gegenteil! Darum: Demütigt Euch! Gebt auf euren hybriden Erfolgsfetischismus! Setzt ein Zeichen, dass nicht ein neues Jahrtausend im Anbruch ist, sondern nicht weniger als eine neue Zeitrechnung! Kürzer: ein Zeichen dafür, dass eine neue Zeitrechnung im Anbruch ist.

18.9.2001
Der 11. September war mehr als nur eine David-Goliath-Episode. Bin Laden ist kein Held, sondern ein Exponent. Seine Basis ist die interarabische Paranoia. Die USA stehen nicht einem Mann namens Bin Laden und dessen Organisationen gegenüber, sondern ihrem eigenen kollektiven quasireligiösen Verfolgungswahn, welcher den Terror wiederum provoziert. Nicht Osama Bin

Laden oder der Terrorismus ist das, was Amerika zu fürchten hat, sondern seine eigene Hybris.

Meister Eckhart sagt von der inneren Welt, *in der Gottes Grund mein Grund und mein Grund Gottes Grund* ist: *Wer in diesen Grund einmal hineinlugte auch nur einen einzigen Augenblick, für den sind darnach tausend Pfund roten geschlagenen Goldes wie ein falscher Heller.*

24.9.2001
Georg traf heute Nachmittag seine ehemalige Schülerin Sarah, mit der ihn auch ein pädagogischer Eros verbindet. Sie hat eine schriftstellerische Begabung, die aber offenbar nicht recht zum Durchbruch kommen kann. Georg erwähnte in Bezug auf Sarah, wie sehr ihn im Nu die Verliebtheit völlig benimmt. Ich meinte, seine Verliebtheiten seien eher narzisstisch: Lust, Herzen zu gewinnen.

Wie Sunderwarumbe Georg zwar sexuell begehrte, es aber nicht lebte, so verliebte sich auch Georg in die viel jüngere Sarah nur phantastisch. Wie Georg als Zwanzigjähriger durch den alten Sunderwarumbe zum Eros des Erkennens geweckt wurde, so auch wehte zwischen der zwanzigjährigen Sarah und dem jetzt beinahe doppelt so alten Georg die Lust des Traums wie des Todes. *Auf den Tod zu und vollends im Tod sind wir von aller Ängstlichkeit und Distanz und Zurückhaltung und Grenze und Bedingtheit gereinigt. Wenn wir tot sind, kommt die Wahrheit unverstellt ins Licht. Im Tod sind wir eins.* Als sie einmal auf dem Friedhof in Kreuzberg zusammen die Inschrift auf einer Engelsstatue lasen: *Lebensblüthe ist der Tod, Todesblüthe ist das Leben,* war Sarah so ergriffen, dass sie Stunden nicht mehr zu reden vermochte und alsdann unter den langsam versiegenden Tränen beteuerte, nie von einem Wort so berührt worden zu sein. Als Sehnsucht erfüllte beide der Kontakt ohne Kontakt, als Liebe betörte ihn erst recht ihre Ablehnung. Wie die Liebe zu Toten die reinste Liebe ist, weil die Toten ganz Gegenwart des Geistes sind, ohne dass von ihnen etwas zurückkommt, hatte auch Sarah die einnehmende völlige Zurückgenommenheit: still, anspruchslos, scheu, unberührt, verträumt. Zunehmend wurde es auch lächerlich, dass er an der unerwiderten Liebe festhielt und maßlos verklemmt umso inniger vom schönen Bilde träumte. Immerhin macht das romantische Anbeten mehr aus dem Realen, als es ist, und es ist der Liebe wirklich angemessen, wenn sie sagt: Es ist mehr, als es ist.

25.9.2001

Das Paradox der Philosophie, dass sie eine Lebens-Weisheit sein sollte, liegt darin, dass sie die reine Sterbens-Weisheit ist und gerade darum die ganze Lebens-Weisheit. Für die Weisheit der Philosophie ist das Sterben nicht das Verlieren des Lebens, sondern die Geistesgegenwart des Lebens selbst. Das Sterbewesen muss dem Lebewesen Gegenzug sein, wenn der Mensch für sein Selbstsein frei werden will.

Der Gewinn der Philosophie ist die Durchsichtigkeit der Welt auf ihr eigentliches Nicht.

Die Gewissheit des Todes ist die Gewissheit des Daseins selbst. Ist das nicht die fundamentale Inversion, die die Philosophie bewirkt?

Die Wahrheit der Philosophie ist der Tod, die Wahrheit des Todes die Philosophie. Du strebst nach der Philosophie als der höchsten Höhe der Menschheit und gibst dir dabei nicht Rechenschaft, dass du der Tiefe zu entfliehen suchst, der Brutalität des Lebens, dem du dich nicht gewachsen fühlst, der Konkurrenz der Welt, gegen die du nicht aufkommst – aber die Philosophie, wenn du sie ernst nimmst, stellt dich unerbittlich vor den Tod, vor dem du geflohen bist, indem du dich in die Philosophie verstiegen hast. Wenn du nun aber mithilfe der Philosophie den Tod durchschaust, erkennst du, dass seine Wahrheit nichts anderes als die Philosophie ist.

Aber *der Tod durch Verschwinden ist der beste von allen*, wie der Offizier auf der Pigafetta behauptet.

23.11.2001
Das Leben hängt am Tod – wehe dem, der am Leben hängt!
Halte dich am Tod und das Leben hängt an dir.

Mancher auf der Wanderschaft
kommt ans Tor auf dunklen Pfaden.
Golden blüht der Baum der Gnaden
aus der Erde kühlem Saft.
Wanderer, tritt still herein.
Schmerz versteinerte die Schwelle,
da erglänzt in reiner Helle
auf dem Tische Brot und Wein.

Was ist die Wahrheit des Todes, die die Philosophie offenbar macht, wenn nicht die Ungeheuerlichkeit seiner absoluten Unvorstellbarkeit und Undenkbarkeit? Und vor dieser Ungeheuerlichkeit die andere, die Ungeheuerlichkeit der je augenblicklichen Gewissheit unseres unerklärlichen Dass und Da.

2.12.2001
Georg hat zum Tee aus dem Koran vorgelesen. Biblische Geschichten auf Islamisch, aber mit besonderer Betonung der Ermahnung zum Glauben an Allah. Dazu im Körner-Bändchen über die nicht christlichen Religionen über den Islam. Sehr klug – aber die Texte im Koran haben eine ganz andere Dimension von Überzeugung. Die heiligen Schriften sind Artikulationen des Glaubens. Glaubensvergewisserung wäre ein anderer Ausdruck dafür. Den Glauben aller

Religionen könnte man mit einem heiligen Feuer vergleichen, das verlöscht, wenn es nicht genährt wird.

4.12.2001
Als Kultur macht die Philosophie dereinst für alle Menschen möglich, was sie heute erst einem Philosophen möglich macht: Freiheit vom Tod durch Freiheit zum Tod.

24.12.2001
Das Evangelium scheint mir mit dem Morphium vergleichbar: als Schmerzmittel ist es einzigartig, als Suchtmittel auch.

28.1.2002
Gott versteht die Philosophie auf seine Art besser als ich. Das heißt aber nicht, dass er die Philosophie damit auch auf meine Art besser versteht. Ach, Georg.

7.2.2002
Ich sitze auf einem Stapel von Aufzeichnungen, die mehr als zehntausend Buchseiten füllen würden – und schreibe weiter, und wenn ich gelegentlich zurückblicke, ist jeder Gedanke ein Erlebnis gewesen.

Gelebte Philosophie, Philosophie im Sinn von Sokrates, lässt sich nicht veräußern, geschweige veröffentlichen.
Philosophie, die doziert und studiert wird, ist Wissenschaft,
Philosophie, die vorgetragen wird, ist Rhetorik,
Philosophie, die poetisiert wird, Literatur.
Philosophie im eigentlichen Sinn des Wortes ist Bekenntnis.

9.2.2002
Das schlechte Gewissen der Dissimulation, hat es nicht alle meine Beziehungen deformiert? Nur gegenüber Georg habe ich die Dissimulation aufgegeben.

Philosophie, das ist die Leidenschaft für Bedeutsamkeit schlechthin von allem.

Mit dem Recht zum Wahnsinn, den mir die Verrücktheit gibt, behaupte ich jetzt: Die Erteknatekla Kastauden wird einmal das Bethlehem einer neuen Zeitrechnung heißen.

31.3.2002
Was ich hinterlasse, ist eine Schreib-Spur.

21.4.2002
Georg heute mit Sarah und deren Freundin nach Andalusien geflogen, wo sein Freund Felix ein Haus gemietet hat. Zum Verhältnis mit Sarah: sehen, ob er von seiner Verliebtheit geheilt zurückkommt – auf die eine oder andere Weise. Ist sie seine Penelope oder viel eher Nausikaa? Er schreibt für sie einen Zyklus mit dem Titel *Minne sang*. Wenn die Verliebtheit nicht zur Liebe werden kann, wird sie zur Krankheit.

24.4.2002
Was mir vorschwebt, ist eine Welt, in der die Philosophie Religion ist. Wenn die Philosophie Religion wird, macht sie alle herkömmlichen Religionen zu Vorläufigkeiten und, sofern sie darin fixiert bleiben, zu Aberglauben. Die Revolution der Religion aber muss von der Philosophie ausgehen. Die Revolution der Philosophie zur Religion aber ist der Durchbruch des Nichtwissens zum philosophischen Glauben.

Was das Christentum nicht geschafft hat, so wenig wie Mohammed und Buddha, das wird dank der Religion der Philosophie zustande kommen: die Geistesgegenwart des Todes als Ewigkeit.

29.4.2002
Was bist du doch noch immer für ein unphilosophischer Lebensglücksfetischist: hängst am Leben und träumst von Erfolg! *Das Heil der Welt ist ihr Nicht.*
Das Leben ist brutal, mag es auch schön sein.
Die politische Welt ist heillos, mag sie noch so viel Glück und Erfolg versprechen. Und von Gerechtigkeit reden.
Zuversicht hat allein der Tod. *In der Welt habt ihr Angst, aber siehe!, ich habe die Welt überwunden,* sprach Christus und bewies es am Kreuz.

Dass Georg seine Zeit in Spanien mit Frauen verbringt, trägt wenig zu meiner Hochachtung bei, wenn es ihn auch nicht meine Sympathie kostet. Für seinen Donjuanismus habe ich nur Spott und Verachtung. Im Grunde seiner Cunnilingerei ist er mehr ein Weiberling als ein Frauenverführer. Die Mutter meiner Großmutter war eine Mösinger aus Kundringen im Breisgau. Ob der Name dort von Moos her verstanden wird oder von Möse, weiß ich nicht. Würde man Georg den Beinamen Mösinger geben, bestünde kein Zweifel. Manchmal habe ich den Verdacht, er suche weniger eine Frau als eine Herrin, bei der er Schoßhündchen spielen darf.

Heute hat mir eine junge Spanierin gesagt, sie habe offiziell zwei Geliebte. Erst dachte ich, sie scherze, aber es war ihr ganz ernst. Sie habe solche Freiheit von Roberto Bolaño gelernt, der sie restlos davon überzeugt habe, dass der Sinn unseres Lebens das Lesen und die Erotik seien. Diese Andalusierin bestärkte mich wie Alejandra: Warum nicht vier Frauen haben und sieben Männer? Wunderbar ist eine Liebe zweier, darin sie so eins sind, dass sie gegenseitig nur sich wollen. Aber diese Idealität wächst in einem Fall von tausend und bleibt Idealität, die die Lücke der unerfüllbaren Realität nicht schließt. Und zumeist ist es feige Verlogenheit. Das ganz gewöhnliche falsche Spiel, die hinterlistigen Betrügereien und vordergründigen Lauheiten. Treue ist das Tiefste und Höchste. Sobald sie aber gefordert wird, ist es nicht mehr Treue, sondern die Liebe zerstörende Tyrannei. Unverbindlichkeit, bis die Verbindlichkeit unvermeidlich ist, ohne dass sie gefordert wird. Freie Liebe, bis die Treue die liebste Freiheit ist. Einander die Freiheit zumuten voneinander wie zueinander.

4.6.2002
Der Glaube der Philosophie ist die Schuld. Schuld nicht im kommerziellen oder juristischen Gebrauch des Wortes, sondern als Bekenntnis: von einem Abgrund her das Sein erfahren und dem Sein den Grund schuldig bleiben. Der nichtige Grund sein einer Nichtigkeit. Des Menschen Schuld ist die Nichtigkeit vor dem Tod, dieser aber ist zugleich der unerschütterliche Grund des Daseins.

14.7.2002
17 Uhr: Georg wieder einmal mit der Teelesung von *Sein und Zeit* zu Ende gekommen. Zum wievielten Male wohl?

12.9.2002
Das Licht, das Gott am ersten Tag erschaffen hat, das kann auch ein Blinder sehen: das Licht der Wachheit.

25.12.2002
Evangelium und Philosophie.
Es ist wunderbar für einen Christen, auf die Auferstehung hoffen zu können, aber die Voraussetzung für diese Hoffnung ist die Gewissheit seines Glaubens. Dieselbe Zuversicht der Philosophie

ist die Gewissheit der Geborgenheit im Tode, die nur in der Philosophie gefunden werden kann.

Der Vergleich mit dem Don Quijote, den mir Georg unlängst wieder vorgehalten hat, ist gar nicht so abwegig: Ein Bauernbüblein, das auszog, der Welt als Philosophie ein Licht aufzusetzen: wenn das nicht schweizerische Donquijoterie ist!

28.6.2003
Böhme lesen wie eine Mandelbrot-Menge! Böhme: ... *und es stehet die Zeit in der Ewigkeit.* In welcher Welt, in welchem Horizont von Bedeutsamkeit denkt Böhme eigentlich? Denn dass er in seiner inneren Welt nicht leben kann, weiß er nur zu gut, daran hindert ihn der *Madensack* – wie er seinen Leib gerne nennt.
Die Konkretheit, ja Personifiziertheit seiner Begriffe suggeriert eine sinnliche Welt, aber die alchemistische Manier, in der die Subjekte ihr Wesen auseinander und ineinander verwandeln, lässt keinen reellen Weltzusammenhang aufkommen. Es ist eine Welt rein spiritueller Bedeutsamkeit, auch wenn sie Böhme noch so grob mit drastischen Ausdrücken beschreibt. Wie viel Böhme von der spirituellen Welt, in der sich seine Rede bewegt, mit Augen, mit seinem inneren Auge figürlich gesehen hat, ist für unsereinen, der nicht mit spiritueller Phantasie begabt ist, schwerlich nachvollziehbar. Worum es aber zuletzt geht, wird auch dem unmystischen Leser evident: in Christo das Reich Gottes erben können. Aber das ist für Böhme nicht durch einfältiges Glauben allein möglich. Es ist ein schwieriger, schmerzlicher, leidvoller Prozess, der gnostisch erklärt und begründet werden muss, nicht zuletzt der Wunsch selbst, in Christo das Reich Gottes zu erben. Worin hat die Sehnsucht nach dem Reich Gottes ihren wahren Grund? Gibt es eine reine Idealität des Seins – ein Traum von seiner Vollkommenheit –, bevor es in die Faktizität abfällt und als Seiendes zur Welt wird?

22.10.2003
Die Überlegenheit des Urchristentums über die antike Philosophie der Stoa bestand darin, dass das Evangelium Jesu Christi der Verzweiflung in der Welt den Horizont des Himmels, der nicht von dieser Welt ist, gegenüberstellte, während die Stoa nur eine Beatitudo der Resignation zu bieten hatte.

28.12.2003
Über dem Manuskript von Georgs neuem Buch:
Sex-Mystik. *Zuinnerst in der Gnade sind wir alle eins und einer: pure permanente Sexualität.* Georg wird nicht erwarten, dass ich ihm diese Philosexie für Philosophie abnehme. Ich brauche keine Fotz zum Kommen und auch meinen Schwanz nicht, und ich könnte mir denken, dass auch ein Platon das nicht nötig hatte. Ich philosophiere lieber algebraisch als mystisch. Was mir fehlt, um Georgs Sex-Mystik nachvollziehen zu können, ist die Erfahrung von Sexualität, das Erlebnis der unio mystica in carne: *und sie werden sein ein Fleisch.* Ich kenne die Sexualität nur als Onanie, und das ist eben keine Sexualität. Der ganze pascalsche *ésprit géometrique* in mir sträubt sich gegen Augustinus' *credo quia absurdum est* in Georgs Poesie. Aber: *credo quia absurdum est* betreibe ich nur als Konfession, nicht als Passion.

Immer gewisser wird die Entsprechung von Glaube und Nacktheit, Gebet und Akt. Ob zweien das Miteinanderschlafen in treuer Ausschließlichkeit zum Gebet wird, zur Messe, zum Ritual der Demut, oder ob zwei ledig jeden Standes und Geschlechts den besonderen Augenblick zum gemeinsamen Gottesdienst werden lassen möchten, ist nicht entscheidend. Allein die Offenheit für die Heiligkeit der Intimität. Den Leib zum Tempel der Liebe werden zu lassen. Zum Gottzelt der Verwandlung. Zum Sieg über die Banalität. Glauben ist das Maß der Hingabe.

Der Himmel ist in jedem und in keinem,
in allem und in nichts,
überall und nirgendwo,
unerreichbar und immer schon eines.

Wir sollen gemäß Bergpredigt im Verborgenen beten. Aber nicht hinterrücks. Offen mit Fremden gehen, aber nicht heimlich fremdgehen. Die Offenbarung ist Aufruf zur rückhaltlosen Offenheit. Es bedeutet die Radikalisierung der Wahrheit als Nacktheit und Redlichkeit. Was bei Luther noch allein *das nackte Wort* war, ist nun die nackte Liebe gegen jede institutionalisierte Kirche. Es ist die Rückführung der Kirche in den Leib. *Wisst ihr nicht, dass ihr Gottes Tempel seid und dass der Geist Gottes in euch wohnt?* Es ist nicht die Anbetung des Leibes und der pure Körperkult, sondern hingeben einander. Wie das Verbot in Paulus den Sex erst recht ins Verhältnis zu Gott setzt und heilig aus allem heraushebt, so ist das Beiwohnen auch in Moses Wüste das Geheimnis des Gottzeltes und die Küsse süßer als Wein in Salomos Hohelied.

26.9.2004
Die vier großen Legenden: des Buddha, des Sokrates, des Jesus und des Mohammed sind im Grunde genommen ein und dasselbe Paradigma der Weltüberwindung zur Gewinnung des Seins. Philosophie als Gottesdienst des Seins. Existent ist die Welt nur je im Licht des Seins und das heißt letztlich im Geheimnis.

Nach *2666*: Bolaño zeigt auf solch überlegene Weise die völlige Lächerlichkeit des Intellekts, die gänzliche Beliebigkeit und Wahnsinnigkeit aller Kultur und Literatur und Person, auf so grandiose Weise, dass er der absoluten Zufälligkeit allen menschlichen Verhaltens mit der und durch die Zufälligkeit hindurch wiederum Bedeutung verschafft. Er schafft es, aus dem Zufall Gott zu machen oder Gott als denjenigen evident zu machen, der den

Zufallsgenerator laufen und die Bedeutungslosigkeit zur Wahrheit machen kann und doch damit allem unendliche Bedeutung gibt oder der dem beliebigsten Zufall ewige Absicht gibt. Und Bolaños wahnwitziger Humor liegt gerade in der Ernsthaftigkeit seiner Hauptpersonen, und ohne dass er sagt, alle Beziehungen und Geschehnisse sind zufällig, alle Gedanken nichtig, sondern indem er die Bedeutungsschematismen des Intellektuellen von sich selbst her zeigt, wie sie sich alltäglich abspielen, darin macht er den Wahnsinn und die Belanglosigkeit des vernünftigen Denkens evident.

Die Bedeutungslosigkeit und Lächerlichkeit und Zufälligkeit und Bestialität alles Menschlichen zu zeigen, tun doch heute fast alle Künstler, möchte man entgegnen. Doch Bolaño schafft dies auf eine so phantastische Art, dass es eine andere Dimension wird und den ganzen Unsinn auf den Kopf stellt. Wie bei Dostojewski ist es das reinste Irrenhaus der alltäglichen Gesellschaft, aber genau darin: was für eine Gottnähe und sexuelle Besessenheit und herzlichste Vergeblichkeit und entsetzlichste Verlorenheit und grässlichste Gleichgültigkeit.

6.10.2004
Wachheit und Wirklichkeit sind abstrakte Begriffe, zu denen keine existenzielle Beziehung möglich ist.

Wenn ich sie aber anspreche, werden sie zwar nicht zu Personen, aber zu Gottheiten, und so haben die Menschen schon immer mit ihnen zu verkehren gewusst, ohne zu wissen, mit wem sie wirklich verkehren. Es ist zuerst und es bleibt zuletzt nur die Zuversicht der Geborgenheit des Daseins in der Wachheit. Ich bin nicht in der Welt und auch nicht in meinem Leib: Ich bin als Gegenwärtigkeit in meiner Wachheit, in ihr da und mit ihr aufgehoben. Und alles ist Geheimnis seiner Möglichkeit. Dass es überhaupt so etwas wie Wachheit gibt – schon in der höheren Tierwelt: keine Physiologie und keine Kosmologie kann das erklären.

ZEHNTES KAPITEL

1.1.2005
Die Frage nach dem Sinn von Sein ist nicht eine Frage, die man logisch stellen und beantworten kann. Die Frage nach dem Sinn von Sein ist überhaupt keine Frage. Die Frage nach dem Sinn von Sein ist eine Evokation, eine Anrufung, eine Andacht. Sein ist kein Begriff, Sein ist ein Name wie Gott.

Der Anfang der Philosophie ist das Erstaunen, dass die Welt so unermesslich ist – der Anfang der Erfahrung das Entsetzen darüber, dass sie Verzweiflung, dass sie so grässlich.
Die Disziplin der Philosophie ist die Schule der Verzweiflung. In ihr lernt der Mensch das Sein vom Leben zu unterscheiden, und darin besteht der Prozess der existenzialen Individuation, der Leidensweg des eigentlichen Menschen durch das Leben zum Sein.

8.4.2005
Verheißung,
Quellen fließen für dich
an allen Orten,
und du findest deine Nahrung
auf beliebigem Wege;
dem Geiste sind auch die Steine Brot,
und die verstehende Seele
schöpft Lieben aus jedem Herzen.

Ermahnung,
sei bereit zu erleiden,
was du nicht erlieben kannst,
und als Enttäuschung und Entsagung
deinem Bewusstsein einzuverleiben,
was du dir in Wirklichkeit zu erreichen

und zu erfüllen verwehrtest.
Dann kannst du auch im Unglück reif,
im Scheitern heilig und
in Einsamkeit lebenssatt werden.

Georg fühlte an der zunehmenden Lebensschwäche Sunderwarumbes seinen eigenen Tod so sehr, dass er in akute Schlaflosigkeit verfiel, zwischen grellen Schweigemanien und rennenden Vogelschreien. Stumm traurig machte ihn die abnehmende Kraft Sunderwarumbes, zugleich empfand er es an der Zeit, dass es für ihn nun Zeit wäre. Und Georg wünschte sich Sunderwarumbes Tod, um neu zu erwachen ins Leben. Erwachend zum Leben durch den von Sunderwarumbe das Leben lang gewünschten Tod. Immer unheimlicher und zugleich rührender lebte er buchstäblich und leibhaftig einzig von Georgs Anwesenheit. Georgs Gegenwart allein gab ihm noch die Kraft, zu leben, und wenn Georg einige Wochen wegblieb, wurde er kränker. Dies wurde im Juni 2005 so akut, dass die tägliche Pflegehilfe zu Georg sagte: *Wenn du weggehst, stirbt er.* Und Georg entzog sich Sunderwarumbe vorsätzlich, was bei diesem im Juli 2005 einen kleinen Herzinfarkt auslöste, während Georg zum ersten Mal ohne äußeren Grund den Kontakt abbrach, nachdem er zu Sunderwarumbe gesagt hatte, dass er dessen Abhängigkeit unphilosophisch finde. Im Gegenteil, hatte Hieronymus selbst immer betont, wenn das Hiersein ein Muss werde, sei es ohne Muße und ohne Sinn. Und dasselbe habe er auch Georg immer nahegelegt, dass er sich in keiner Sekunde so fühlen soll, als ob er Hieronymus aus Pflicht besuche. So hatte sich Georg in diesem Sommer gewaltsam von Sunderwarumbe abgesetzt. Und Georg sprach zu sich selbst: Sunderwarumbe! Entweder du oder ich! Wenn ich dich nicht lasse, sterben wir beide und verlieren doppelt unser Leben, statt dass wir es doppelt gewinnen. Georg machte sich zum Mörder an Sunderwarumbe durch Entzug. Das tödliche Gift ließ nicht lange auf sein Auswirken warten und

Sunderwarumbes Zustand verschlechterte sich so rapide so sehr, dass es Georg reute und er sich neu dem Freunde zuwandte, doch da war das Schicksal schon entschieden. Ihre letzten gemeinsamen Monate waren wiederum so innig wie die allerersten der ersten Verliebtheit.

28.6.2005
Zufällig ein Blatt aus dem Ordner *Philosophie* vom 28.6.1980 aufgeschlagen:
Die bäuerliche Philosophie beschränkt sich ausdrücklich und entschieden auf die Besinnung des eigenen Daseins. Sie beabsichtigt keine allgemeine Wertschöpfung und Wertsetzung wie die prophetische Philosophie, keine Einführung neuer Systeme von Grundbegriffen und Grundverständnissen wie die geniale Philosophie. Sie will nicht zu einer Politik die Ideologie liefern. Sie erstrebt keine Gelehrsamkeit, keine Wissenschaftlichkeit, kein Lehramt wie die akademische Philosophie. Sie hält sich von jeder Wichtigtuerei mit philosophischer Bildung fern, sie buhlt weder in Salons noch auf dem Asphalt, sie hält keine geistreichen Vorträge und liefert keine geschwätzigen Feuilletons. Mit dem Bekenntnis zur Bäuerlichkeit entledigt sich das Philosophieren eines unangemessenen, unzumutbaren Bildungsballastes, den ihm eine mehr als zweitausendjährige Tradition auf den Buckel geladen hat. Aber das bäuerliche Philosophieren bestreitet weder der prophetischen, großen und genialen noch der gelehrten akademischen Philosophie die Existenzberechtigung; sie ist im Gegenteil bestrebt, so viel wie möglich von ihnen zu lernen. Die bäuerliche Philosophie besteht im Wesentlichen in einer unermüdlichen täglichen Sorgfalt. Wie der rechte Bauer seinen Acker, so lässt der bäuerliche Philosoph den eigentlichen Sinn seines Daseins keinen Tag aus den Augen.

14.7.2005

Der neue Weizen: Ein Getreidezüchter brachte eines Tages eine neue Weizensorte auf den Markt, die er in lebenslanger Arbeit nach unermüdlichem Einkreuzen und Auslesen auf seinen ausgedehnten Versuchsfeldern herangezogen hatte. Kaum waren seine Muster vor der Öffentlichkeit ausgebreitet, da fielen auch schon die Herren von der Akademie über ihn her, die Sachverständigen der Geschichte des Getreidebaus. *Diese Weizensorte da*, erklärten sie hochfahrend, *die wurde doch schon vor viertausend Jahren am Nil angebaut! Sieh hier diese Körner aus der Pyramide des Chefren: ist das nicht ein und derselbe Same?* Bei diesen Worten ging nur ein wissendes Lächeln über die Züge des erfahrenen Mannes. *Wohlan*, sagte er, *wenn ihr meint, so lasst uns nebeneinander aussäen: ihr euern Mumienweizen, ich meinen neu gezüchteten Samen, und nach ihren Erträgen wollen wir dann unsere Saaten beurteilen.* Übers Jahr aber, als der Sommer gekommen war, da wucherte auf den Feldern der Historiker nichts als Unkraut. Auf jenen unseres Getreidezüchters aber, da reifte in der Sonnenglut ein Weizen heran, wie man ihn noch nie gesehen hatte: Halm an Halm gedrängt, sattgelb wie leuchtendes Gold, tief wurzelnd, rostresistent, dürresicher und standfest in Sturm und Regenflut, und trug in seinen Ähren Frucht fünfzig- und hundertfach.

Das Sein des Menschen kommt nicht durch dieselbe Pforte der Geburten zur Welt wie das Leben noch wird es sie verlassen auf den Wegen jenes Todes, der dem Leben bestimmt ist. Die Sicherheit in der Selbstverständlichkeit des Seins jedoch trügt. Kein Mensch ist gefeit davor, dass ihm das Sein nicht auf einmal ungeheuer und fragwürdig wird. Der Philosoph hingegen ist aus innerer Bestimmung von der Ungeheuerlichkeit des Seins betroffen, sie ist ihm geradezu die herausfordernde Gottheit, das Mysterium fascinans et tremendum.

26.7.2005
Wahrheit des Seins,
unbegreifliche Lichtung des Verstehens,
in dir
ist unserem Leben Sinn und Erfüllung geworden
eh und je.
Gib uns täglich Wachheit,
ohne die kein Tag Tag ist.
Denn dein ist das Sein und
der Sinn und die Zeit.

Der Verstand, der die Natur unterworfen und der sich zum Herrn der Welt gemacht hat, ist nicht mein eigener Verstand noch der eines Menschen, so mächtig einer auch sein mag: es ist der Verstand als Menschheitsphänomen, ein Verstand, der sich gleichsam selbstständig gemacht hat. Und an diesen objektiven, kollektiv verselbstständigten Verstand haben wir unsere Freiheit verloren: er macht uns zum Sklaven seines Willens zur Macht.

Sowohl Christus als auch Mohammed, Buddha und Sokrates sind Paradigmen der Freiheit zum Tod hin wie hin zu Gott. Wenn die Philosophie Religion wird, versammelt sie ihre Gläubigen illusionslos im Glauben an die Freiheit hin zum Tod.

Und wie es unmöglich ist, den Tod zu erleben, so auch Gott.
Ich freue mich aufs Leben, wie ich mich auf den Tod hin freue.

Ich freu mich auf dich.

Wenn das Denken ursprünglich ist, was es vom Ende her ist, ist es der Ursprung aller Wirklichkeit. Siehe, gestern Abend habe ich aus dem Fenster des siebten Stocks gesehen und auf dem sechsten Stock war ein Blumengebinde. Und ich dachte, wenn ich springe, wird das Gebinde mich ein letztes Mal grüßen und kurz anhalten lassen im Fall.

Und nachts träumte ich einen großen, lebendigen Traum, wie ich auf Wanderung so schnell so hoch wandere, dass ich über das Ziel hinaus zu hoch gerate und weit unter mir auf tieferer Ebene Vater und Freunde auf mich warten. Ich fühle mich aber müde und habe nicht die Kraft, den Weg nochmals zurückzugehen, auch nicht die Lust. Und obschon es unheimlich ist und obschon ich weiß, dass es tödlich sein muss, springe ich einfach hinunter und hoffe auf das Unmögliche. Und siehe da, mit einer Art Salto mortale und Zwischenlandung gelange ich tatsächlich unten an. Der Traum hat den nicht seienden Gedanken erlebt. Und nicht nur der Traum, auch die Traumwachheit des realen Lebens entspringt dem Gedanken, von dem Punkt an, da er sich an der Ungeschaffenheit hält statt an der Welt. Der Gedanke wird entweder von der Welt bestimmt oder von nichts. Wird er aber von nichts bestimmt, bestimmt er auch die Welt. Und wenn dein Nichts Gott ist, schafft es aus deinem Zufall Schicksal.

15.11.2005
Warum nicht doch noch eine Autobiographie?
Titel: *Mein Leben: ein Versuch in Philosophie.*
Motto: Ich habe in der Philosophie meinen Tod gesucht und im Tod meine Philosophie gefunden.
Dementsprechend müsste das Buch in zwei Teile unterteilt werden:
1. Tod gesucht.
2. Philosophie gefunden.
Das Buch könnte nur als Roman entworfen werden, als redliche biographische Lebensbeschreibung wäre sie weder des Lesens noch des Schreibens wert. Und das philosophisch Entscheidende in meinem Leben hat sich ja auch nur ausnahmsweise tatsächlich abgespielt.

Noch richtiger als Roman wäre die Bezeichnung Requiem. Nicht, weil wir uns selbst in der Rolle Heiliger sehen möchten. Aber anders als der Roman, der seinen Protagonisten in dessen persönlichem, menschlich-allzumenschlichem Schicksal herauszuzeichnen versucht, konzentriert sich das Requiem auf das, was im Tod für den Glaubenden bedeutsam geworden ist. Und mutatis mutandis ist es ja das, um dessen willen unser Versuch in Philosophie quasibiographisch erzählt zu werden verdiente: in der Philosophie meinen Tod gesucht, im Tod meine Philosophie gefunden!

In seinem dreißigsten Lebensjahr sah sich Hieronymus Sunderwarumbe unaufschiebbar vor die Existenzfrage gestellt, vor die Frage seiner bürgerlichen Existenz, die er noch immer nicht hatte entscheiden wollen oder können. Er hatte, ausgerüstet mit Handelsdiplom und einem kaufmännischen Volontariat, während vier Jahren im väterlichen Futtermittelgeschäft gearbeitet. In dieser Zeit hat er unmissverständlich erfahren, dass der Betrieb, zu dessen Nachfolger man ihn bestimmt hatte, bevor er selber wählen konnte, weder ihn mochte noch er ihn. Zuerst eröffneten ihm dann die Dichter Goethe und Schiller, dann die Philosophen Kant und Nietzsche einen Horizont von Sinn jenseits der banalen Sinnlosigkeit seines geschäftlichen Alltags. Aber gerade die Begegnung mit *Also sprach Zarathustra* machte ihm klar, dass er ohne Studium in der Philosophie nicht weiterkommen konnte. An ein Philosophiestudium war aber zunächst überhaupt nicht zu denken, dazu fehlten die elementarsten Bildungsvoraussetzungen und die Begabung, um aus dem Studium dann einen Beruf zu machen. Nach einem Eignungstest und der Beratung mit dem Psychologen erwies sich das Landwirtschaftsstudium als der Weg der Wahl, besonders auch darum, weil er für die Vorbereitung die Maturität nachholen konnte. Während der Maturitätsvorbereitung durfte er wieder ganz Schüler sein. Im Landwirtschaftsstudium, insbesondere während der ersten vier Semester, die der naturwissenschaftlichen Ausbildung gewidmet sind, fühlte er sich, als wäre die Naturwissenschaft sein Arbeitsfeld. Dann aber meldete sich die Philosophie zurück. Nicht aus philosophischen Vorlesungen, diese vermochten ihn nicht zu überzeugen, im Gegenteil: sie enttäuschten ihn: denn mit ihrem gelehrten Dozententum wusste er nichts anzufangen. Es waren wieder die Dichter, oder richtiger: die Schriftsteller, die ihn weckten: Thomas Mann, von dem zu dieser Zeit der *Tonio Kröger* verfing, Hermann Hesse, dessen *Narziss und Goldmund* als mea res agitur empfunden wurde, und Ernst Jünger, der mit den *Marmorklippen* und dem *Abenteuerlichen Herz* ihn wie von Neuem das Schreiben lehrte. Und natürlich der in jener Zeit allgegenwärtige Carl Gustav Jung. Den musste man doch kennenlernen, das heißt seine hauptsächlichen Schriften.

Und doch sollte jetzt auch die Psychologie in ihrer elementarsten Dynamik in sein Leben einbrechen und mehr als alles andere ihm das berufliche Existenzproblem zu einem unlösbaren Dilemma machen. Sein Studium der Philosophie ist nie und in keiner Weise von der Fakultät der Philosophie her motiviert gewesen. Es stand auch nicht am Ende einer entsprechenden Gymnasialausbildung noch war es je sein Traum gewesen, ein Gelehrter der Philosophie zu werden. Es waren auch nicht seine kognitiven Ambitionen, die ihn an die philosophische Fakultät verwiesen, obschon die Idee von so etwas wie einer Geometrie der Weltanschauung ihn sehr früh faszinierte, schon von der ersten frühen Begegnung mit Kants *Kritik der reinen Vernunft* an. Was war es dann, was ihn als Student der Philosophie in Zürich an der Universität sich immatrikulieren hieß? Es war die Homosexualität – horribile dictu! –, am liebsten hätte er diesen ominösen Begriff nie gehört! Noch mit bald dreißig Jahren hatte er noch keine Ahnung, was Liebe ist. Er erinnerte sich in den Jünglingsjahren an eine kurze sentimentale Anhänglichkeit an einen sympathischen jungen Deutschen, einen Mitschüler der Ecole supérieure de commerce in Lausanne. Aber eine

Beziehung wurde es nie. In seinen Zwanzigerjahren faszinierte ihn ein schönes Mädchen von Zigeunerart, aber sie brachte ihn nie so weit, dass er sie sexuell auch nur begehrt hätte. Was ihn jedoch immer, wenn auch in verdrängter Weise, erregte, war der Sex-Appeal besonders viriler Typen, ohne dass es je zu entsprechenden Kontakten gekommen wäre. Abgesehen von autistisch motivierten Anwandlungen von Geilheit, die in Masturbation begannen und endeten, lebte er sein ganzes Leben keusch wie ein Mönch. Sein Verhältnis zur Mutter war nie die Verliebtheit eines Ödipus. Spannender war das Verhältnis zum Vater, der ihn mit Märchen unterhalten konnte, der aber seine leiblichen Annäherungen ans Geschlecht – wenn er zum Beispiel an einem Sonntagmorgen im Bett der Eltern zwischen diesen liegen durfte – immer unmissverständlich abwehrte. Diesbezüglich hatte er mehr Erfolg bei den Knechten auf dem Hof, die seiner sexuellen Neugier nach dem Maskulinen bereitwillig entgegenkamen. Insbesondere war es ein Melker, der keine Hemmungen hatte. Man müsste sein Verhalten heute als Pädophilie verurteilen, aber er war ein liebenswürdiger Mann ohne jede Aggressivität in der Sache, der sich auch sonst in herzlicher Zuneigung mit ihm abgab; und er erinnerte sich an keinen intimen Kontakt, den er nicht selber provoziert hätte.

Gibt es etwas, woran er sich spontan erinnern mochte? An den Eiffelturm, den er als Modell gebaut hatte. An die Erfindung der Magnetsicherung, nach der er sich zum Erfinder berufen fühlte. An das Hotel in Montagnola auf der letzten Schulreise, wo er die halbe Nacht neben dem Bettkameraden lag und ihn selbstverständlich nicht zu berühren wagte. So sehr verdrängte er seine Homosexualität noch 1950 mit vierunddreißig Jahren zur Zeit der Analyse bei Dr. Maeder, dass es nicht zur Sprache gebracht werden konnte. Einige Semester versuchte er Anfang der Fünfzigerjahre vergeblich, sich als Student der Philosophie in Zürich und vor allem in Basel bei Karl Jaspers mit der akademischen Philosophie vertraut zu machen, dessen überragende Präsenz ihn entscheidend in die Existenzphilosophie und schließlich zur nie mehr endenden Auseinandersetzung mit Martin Heidegger brachte. Aber auch daraus war nicht so etwas wie ein Beruf zu machen. Er kehrte 1957 nach Hause zurück, machte sich bei der fällig gewordenen Liquidation des elterlichen Betriebs unentbehrlich und desgleichen bei der Einrichtung einer Alterswohngemeinschaft in Romanshorn für seine Eltern und dessen übers Kreuz verheiratetem Geschwisterehepaar. Daneben oblag ihm die Regie für einen kleinen Landwirtschaftsbetrieb, der ihm übergeben worden war. Und so blieb es bis zum Ableben der Alten und zum Verkauf seines Landgutes. Das ererbte Wohnhaus und etwas Vermögen, das der Verkauf des Gutes ergeben hatte, erlaubte ihm endlich mit über sechzig Jahren privatim so etwas wie ein völlig philosophisches Leben zu führen. In dieser Zeit begann auch die Freundschaft mit Georg.

Aus dem philosophischen Sandkasten des Hieronymus Sunderwarumbe:
Es war einmal ein gewaltiger alter König. Über alle Grenzen groß war sein Reich und längst nicht mehr zu zählen die Zahl seiner Söhne. Als er aber fühlte, dass seine Zeit sich erfüllte, ließ er verkünden, dass auf dem Lebenspfade aller seiner Söhne ein kostbarer Stein ausgesät sei und dass jeder, der den seinigen findet, das Reich erben werde. Die meisten von seinen Söhnen freilich, als sie von der königlichen Reichsverheißung hörten, kamen sich klüger vor, lachten darüber und spotteten: *Ein fauler Witz, was sich der Alte wieder mit uns zu leisten erlaubt! Wohl ist über die Maßen groß sein Reich, aber noch viel größer ist ja die Zahl seiner Söhne, und wenn diese alle das Reich erben sollten, so bliebe tatsächlich für keinen nichts. Und darum wird ein jeder von uns nur so viel vom Reich erben, als er mit List und Gewalt auf Kosten der anderen erschaffen und erraffen, erschleichen und erobern kann.* Es waren aber auch nicht wenige, die sich von dem königlichen Reichsversprechen

verlocken ließen, und sei es, dass sie es vornehmer und abenteuerlicher fanden, schönen Dingen nachzustellen, die ein Ganzes versprechen, als im Schweiße des Angesichts zu erarbeiten und zu erkämpfen, was doch im besten Fall nur erbärmliches Flickwerk bleiben würde. Oder sei es, dass sie wirklich an die große Chance glaubten: Jedenfalls machten sie sich auf die Suche nach dem kostbaren Kleinod, und es war in der Tat keiner so vom Glück verlassen, dass er nicht da und dort einen vielversprechenden Stein fand. Sie merkten natürlich bald, dass das, was sie gefunden hatten, nur eitler Tand war, gemessen an dem, was sie sich davon versprochen hatten. Sie nahmen den Spott auf sich und kehrten eiligst zurück zu den Weltklugen und Tüchtigen, die von Anfang an nichts Höheres anzuerkennen bereit gewesen waren als ihren Vorteil. Wieder andere – sei es, dass sie die raue Welt der Tüchtigen scheuten, sei es, dass sie es einfach nicht gern zugeben wollten, dass sie sich hatten narren lassen – blieben ihrem Abenteuer treu. Auf der Jagd nach dem königlichen Glück machten sie zwar stets neue Funde, es gab auch überall Volk, von dem sie dafür bestaunt und bewundert wurden, aber so viel sie an ihren Steinchen herumpolierten und damit funkelten und flunkerten, als ob sie den wahren gefunden hätten, das Reich erbten sie nicht, und nur diejenigen unter ihnen entgingen der zunehmenden Enttäuschung und Verbitterung, die findig genug waren, um mit ihren schönen Sammlungen einen Handel betreiben zu können, der so einträglich war, dass sie in der Welt nicht zurückzustehen brauchten hinter denen, die da auf gröbere Art ihre Schäfchen ins Trockene zu bringen gewusst hatten.

Es wäre nun aber ein unverzeihlicher Irrtum, zu meinen, dass alle, die nach dem wunderbaren Steine suchen, lauter Abenteurer und Phantasten sind. Es gibt unter ihnen auch Menschen, die jagen nicht eitlen Illusionen nach, wenn sie hoffen, das Reich erben zu können: die weit entfernt von jeder Phantastik ihr Suchen mit großer Leidenschaft und wahrem Ernst betreiben, deshalb, weil sie darin eine heilige Aufgabe erkannt haben und eine Kandidatur von allerhöchster Bedeutung.

Einer von diesen hatte als junger Mann begonnen, sein Leben in landesüblicher und seiner Herkunft gemäßen Weise bürgerlich einzurichten. Er hatte sich vorgestellt, dass er wie andere auch im beruflichen Erwerbsleben durch Fleiß und Umsicht, Tatkraft und Geschick sich eine Existenz schaffen könnte. Die Reichsverheißung des königlichen Vaters hatte ihn zunächst völlig unberührt gelassen. In richtiger Bescheidung war er sich bewusst gewesen, nicht zu jenen vornehmen Sprösslingen des Königs zu gehören, die berufen sind, ein großes Reich zu verwalten, und er dachte im Übrigen viel zu realistisch, als dass er sich hätte vorstellen können, wie man durch das bloße Finden eines Wundersteines zu so etwas wie Weltherrschaft gelangen sollte, ganz zu schweigen davon, was herauskommen müsste, wenn auch nur einige der zahllosen Menschensöhne in den Besitz des ganzen Reiches kommen wollten. So fiel es ihm denn anfänglich gar nicht ein, dass auch er etwas mit dem Steine zu schaffen haben könnte und mit dem Weg, auf dem er gefunden wird. Als dann aber bald darauf der alte König starb und als nach seinem Tode ein fürchterliches Interregnum anbrach, von dem niemand sagen konnte, ob und wann es noch einmal aufhören würde, da begann in das bürgerliche Leben unseres Mannes eine schwere Krise einzureißen.
Ein abgründiges Ungenügen breitete sich in seiner Seele aus. Immer häufiger schweiften seine Gedanken von der Arbeit ab und kreisten, ohne Grund und Antwort zu finden, um die charybdische Frage: Wozu?
Früher, so sagte er sich, war mir doch immer und in allem ganz fraglos ein Sinn gegenwärtig gewesen: Warum zerbröckelt mir nun auf einmal alles zwischen den Fingern? Alles, was mir ehedem noch als Glück vorschwebte, gähnt mich jetzt an als langweilige Gewohnheit, und immer weniger will mir noch der Mühe

wert erscheinen, was ich einst als wünschenswerte Frucht von Tüchtigkeit und Fleiß erstrebte: Wozu noch arbeiten?
Wozu noch Opfer bringen?
Es hat doch alles keinen Sinn.
Eines Tages, als er wieder verzweifelt nach einem Ausweg aus der allgemeinen Sinnlosigkeit grübelte, blitzte ihm plötzlich eine Vermutung durch den Kopf, eine Idee, die ihn für einen Augenblick wie erleuchtete: die Ahnung nämlich, dass hinter der wunderlichen Reichsverheißung des alten Königs ein Geheimnis verborgen sein könnte und dass tatsächlich jeder, der den Schlüssel dazu fände, das Reich erben müsste. Worin aber der Schlüssel zu diesem Geheimnis bestehen sollte, das vermochte er noch immer weder zu sehen noch auch nur zu ahnen, und weil das Gleichnis vom Stein auf dem Lebenswege seinem borniertem Tatsachenverstand nach wie vor zu phantastisch vorkam, musste in seinem Leben wohl oder übel alles wieder beim Alten bleiben. Dieses sein altes Leben aber wurde ihm nun mit jedem Tage noch sinnloser, seine gewohnte Arbeitswelt noch schaler und unbedeutender. Ein glühendes Verlangen, zu dem geahnten Reichsgeheimnis den Schlüssel zu finden, wurde in ihm größer und größer, und bald schien ihm, es wäre besser zu sterben als weiterzuleben und nicht nach jenem einzigartigen Stein der Weisheit zu suchen, der jedem Menschen, der ihn findet, das Königreich des Vaters zu eigen gibt. Und als schließlich das Feuer dieses Verlangens den letzten Rest von Bürgerlichkeit und Kleinmut aus seinem Herzen ausgeloht hatte, stand er eines Morgens auf, hängte den Berufsmantel an den Nagel und machte sich auf den Weg, auf jenen Weg, der allein den Zugang zum Geheimnis verspricht, auf den Weg, auf dem der Stein verheißen ist und mit ihm das Reich: auf den Weg der Philosophie.

Wenn du das Opus unternehmen möchtest, den Stein der Weisen zu gewinnen, dann nimmst du dir dazu ein tägliches Stück Einsamkeit und bildest dir daraus ein hermetisches Gefäß.

Vollkommen dicht muss dieses sein, sonst hast du deine liebe Not mit dem flüchtigen Geist. In irgendeiner öffentlichen Volksküchenbratpfanne sollst du das Experiment schon gar nicht beginnen wollen. Das Nächstbenötigte ist der Haupt- und Grundstoff für den lapis philosophorum: Du destillierst dir aus dem Alltag, in dem du gerade drinstehst, einen Gedanken eigenster Erfahrung heraus. Das wird in der Regel ein wenig konzentrierter Gedanke sein, der bis auf einen verschwindenden Rest wieder verdampft. Aber gerade darauf kommt es an: auf diesen Rest von Rückstand, den du täglich aus deiner Alltäglichkeit extrahieren musst. Und täglich musst du extrahieren, damit du bald eine fassbare Menge extrahierten eigenen Stoffs zusammenbekommst. Wenn du keinen Tag auslässt, hast du auch am ehesten Gewähr, dass dir die konzentrierten Gedanken nicht entgehen, die der Zufall in deinen Alltag zu streuen beliebt.

Du wirst nun in die zweite, schwierigere Phase des Opus eintreten, für die du aber dank der ersten auch vorbereitet bist. Du musst nämlich wissen, worauf ich bisher nicht ausdrücklich hinwies, dass die auflösende, destillierende, analysierende, synthetisierende Kraft nichts anderes ist als die Philosophie, die sich in deiner Einsamkeit konzentriert.
Wenn also deine Extraktionsrückstände anfangen, kristallin auszufallen, so liegt das nicht am Rohstoff der Erfahrung, sondern an der höheren Potenz des Denkvermögens, die du erreicht hast. Mit der Zeit wirst du wieder Kristalle in den Gedanken auftreten sehen, zuerst vereinzelt, dann häufiger, und du wirst an ihren komplizierten Symmetrien, an ihrer hohen Dichte oder an ihrer härteren Strahlung unschwer erkennen, dass sie von einer höheren Ordnung sind als die früheren. An dieser Stelle aber muss ich dich dir selber überlassen. Wenn du die zweite Phase deines Opus erfolgreich absolviert hast, bedarfst du dieser Anleitung nicht mehr.

Texte absolut unverbindlich.
Nicht mehr rückbezüglich.
In keiner Weise Mitteilung,
auch dort nicht, wo ein Ich die Syntax anführt.
Abgestreifte Schlangenhaut frühester Häutung.
Versteinertes Holz.
Aus Muschelleib herausgerissene Perlen.
Meerschneckengehäuse, in dessen Wendungen
eine Zeitlichkeit raunt, die kein
Herz mehr hat.

Ich werde nicht einsam und trostlos sterben, ich habe das Ende ja bei mir, es ist ja hier, und es ist unaussprechliche Freude.

Wie tief und bezeichnend für sein ganzes Leben war Hieronymus Sunderwarumbes letztes Wort das immer schon vorweggenommene Zeugnis, welches von seinem Ende aus in seinen Anfang zurückschlug: Frei.

Frei, frei, frei!

Weitere Bücher aus unserem Verlagsprogramm:

Endo Anaconda | Walterfahren
Kolumnen 2007–2010

Gebunden ohne Schutzumschlag

200 Seiten
€ (D) 19.95 | CHF 28.50* | € (A) 20.60
ISBN 978-3-905951-11-0

Emmanuelle Bayamack-Tam | Die Prinzessin von.
(La Princesse de.)
Roman

Aus dem Französischen von Christian Ruzicska,
unter Mitarbeit von Flamm Vidal

Gebunden ohne Schutzumschlag

224 Seiten
€ (D) 22.95 | CHF 34.90* | € (A) 23.60
ISBN 978-3-905951-07-3

Hélène Bessette | Ida oder das Delirium
(Ida ou le délire)
Roman

Aus dem Französischen von Christian Ruzicska

Gebunden ohne Schutzumschlag

128 Seiten
€ (D) 21.95 | CHF 33.90* | € (A) 22.60
ISBN 978-3-905951-02-8

Hélène Bessette | Ist Ihnen nicht kalt
(N'avez-vous pas froid)
Roman

Aus dem Französischen von Christian Ruzicska

Gebunden ohne Schutzumschlag

188 Seiten
€ (D) 21.95 | CHF 31.50* | € (A) 22.60
ISBN 978-3-905951-09-7

secession

Thomas Christen | Der Abend vor der Nacht
Roman

Gebunden ohne Schutzumschlag

200 Seiten
€ (D) 21.95 | CHF 31.50* | € (A) 22.60
ISBN 978-3-905951-12-7

Beqë Cufaj | projekt@party
Roman

Aus dem Albanischen von Joachim Röhm

Gebunden ohne Schutzumschlag

152 Seiten
Ca. € (D) 19.95 | CHF 27.90* | € (A) 20.50
ISBN 978-3-905951-17-2

Jérôme Ferrari | Und meine Seele ließ ich zurück
(Où j'ai laissé mon âme)
Roman

Aus dem Französischen von Christian Ruzicska

Gebunden ohne Schutzumschlag

160 Seiten
€ (D) 19.95 | CHF 28.50* | € (A) 20.60
ISBN 978-3-905951-10-3

Lars Gustafsson | Gegen Null
(Mot Noll)
Eine mathematische Phantasie

Aus dem Schwedischen von Barbara M. Karlson

Gebunden ohne Schutzumschlag

96 Seiten, mit Abbildungen
€ (D) 18.60 | CHF 28.50* | € (A) 19.20
ISBN 978-3-905951-04-2

Jürg Halter/Tanikawa Shuntarō | Sprechendes Wasser
(Kataru mizu)
Ein Kettengedicht

Aus dem Deutschen von Niimoto Fuminari
Aus dem Japanischen von Eduard Klopfenstein
Mit einem Nachwort von Okuda Osamu

Zweifaches Hardcover, japanische Bindung

62 Seiten mit 19 Photographien
€ (D) 28.90 | CHF 36.90* | € (A) 29.70
ISBN 978-3-905951-15-8

Katja Huber | Coney Island
Roman

Gebunden ohne Schutzumschlag

232 Seiten
€ (D) 21.95 | CHF 31.50* | € (A) 22.60
ISBN 978-3-905951-13-4

Ludwig Lewisohn | Der Fall Crump
(The Case of Mr. Crump)
Roman

Neu übersetzt aus dem Amerikanischen Englisch von Christian Ruzicska
Mit einem Nachwort von Thomas Mann

Gebunden ohne Schutzumschlag

400 Seiten
€ (D) 24.95 | CHF 37.90* | € (A) 25.70
ISBN 978-3-905951-03-5

Marian Pankowski | Der letzte Engeltag
(Ostatni zlot aniołów)
Ein Silvenmanuskript

Aus dem Polnischen von Sven Sellmer

Gebunden ohne Schutzumschlag

88 Seiten
€ (D) 17.30 | CHF 26.50* | € (A) 17.90
ISBN 978-3-905951-05-9

Veronika Schenk | Die Wandlung
Roman

Gebunden ohne Schutzumschlag

Etwa 220 Seiten
Ca. € (D) 19.95 | CHF 27.90* | € (A) 20.50
ISBN 978-3-905951-18-9

Magda Szabó | Die Elemente
(Pilátus)
Roman

Neu übersetzt aus dem Ungarischen von Heinrich Eisterer

Gebunden ohne Schutzumschlag

296 Seiten
€ (D) 24.95 | CHF 37.90* | € (A) 25.70
ISBN 978-3-905951-01-1

Nils Trede | Das versteinerte Leben
(La Vie pétrifiée)
Roman

Aus dem Französischen von Christian Ruzicska

Gebunden ohne Schutzumschlag

120 Seiten
€ (D) 19.95 | CHF 28.50* | € (A) 22.60
ISBN 978-3-905951-14-1

Christian Uetz | Nur Du, und nur Ich
Roman in sieben Schritten

Gebunden ohne Schutzumschlag

104 Seiten
€ (D) 17.95 | CHF 27.50* | € (A) 18.50
ISBN 978-3-905951-06-6

Steven Uhly | Adams Fuge
Roman

Gebunden ohne Schutzumschlag

220 Seiten
€ (D) 21.95 | CHF 31.50* | € (A) 22.60
ISBN 978-3-905951-08-0

Steven Uhly | Glückskind
Roman

Gebunden ohne Schutzumschlag

256 Seiten
Ca. € (D) 19.95 | CHF 27.90* | € (A) 20.50
ISBN 978-3-905951-16-5

Steven Uhly | Mein Leben in Aspik
Roman

Gebunden ohne Schutzumschlag

272 Seiten
€ (D) 22.95 | CHF 34.90* | € (A) 23.60
ISBN 978-3-905951-00-4

Leseproben finden Sie auf:
www.secession-verlag.com

* Bei den Schweizer Preisen handelt es sich um unverbindliche
  Preisempfehlungen (UVP). Änderungen vorbehalten.
  Stand: 1. August 2012

Erste Auflage
© 2012 by Secession Verlag für Literatur, Zürich
Alle Rechte vorbehalten
Korrektorat: Patrick Schär
www.secession-verlag.com

Gestaltung, Typographie, Satz und Litho:
KOCHAN & PARTNER, München
Druck und buchbinderische Verarbeitung:
Friedrich Pustet KG, Regensburg
Papier Innenteil: Fly 05, 100 g/qm
Papier Überzug: Alezan Cult Chevreau, 135 g/qm
Papier Vor- und Nachsatz:
Igepa, Caribic Schwarz, 120 g/qm
Gesetzt aus 9/13 Cordale regular/italic

Printed in Germany
ISBN 978-3-905951-19-6

secession